ECO-HOUSES
Sustainability & Quality of Life

© 2021 Monsa Publications

First edition in 2021 November by Monsa Publications,
Gravina 43 (08930) Sant Adrià de Besós.
Barcelona (Spain)
T +34 93 381 00 93
www.monsa.com monsa@monsa.com

Project director Anna Minguet.
Art director & Layout Eva Minguet.
(Monsa Publications)

Printed in Spain by Cachiman Gráfic.
Translation by SomosTraductores.

Shop online:
www.monsashop.com

Follow us!
Instagram @monsapublications
Facebook @monsashop

ISBN 978-84-17557-42-3
D.L. B 17289-2021

ECO-HOUSES

Sustainability & Quality of Life

monsa

INTRODUCTION

"Sustainable design integrates consideration of resource and energy efficiency, healthy buildings and materials, ecologically and socially sensitive land-use, and an aesthetic sensitivity that inspires, affirms, and ennobles..." (as defined by the International Union of Architects [UIA] and the American Institute of Architects [AIA]).

The construction process affects the environment and surrounding ecosystem. Once buildings are constructed, the occupants and administrators face a series of challenges in their attempt to maintain a healthy, efficient, and productive environment.

In order to meet these challenges, innovative and varied building strategies have been developed that can be grouped based on the place they are mainly employed: Strategies related to the building location: attempt to minimize environmental impact, integrate the building into the landscape, and increase the alternative transportation options.
Strategies centered on energy: conserve energy and use renewable energies that guarantee the efficient use of natural resources and reduced public utility costs.
Strategies that ensure a state of well-being inside the home: use natural light and ventilation to reduce energy consumption and improve lighting and interior environment.
Water-management strategies: employ a system of maximum efficiency, reduce public utility costs, and manage rainwater and gray waters.
Use of materials: reduce materials, recycle, compost, and use green construction materials.
Finally, technology should be used as an ally in sustainable and efficient construction. For instance, automated home thermostats can greatly contribute to developing future sustainable strategies in building design, construction and maintenance.

These strategies and their regulations in standards and certifications contribute to the achievement of environmentally friendly homes that are alive and "breathe."

"El diseño sostenible integra consideraciones de eficiencia en el uso de recursos y de la energía, ha de producir edificios sanos, ha de utilizar materiales ecológicos y debe considerar la sensibilidad estética que inspire, afirme y emocione..." (Informe Definición de la IUA International Union of Architects y la AIA American Institute of Architects).

El proceso de construcción afecta al medio ambiente y al ecosistema que rodea el sitio de construcción. E incluso, una vez construidos los edificios, los ocupantes y administradores sé enfrentan a una serie de desafíos en su intento de mantener un ambiente saludable, eficiente y productivo.

Para conseguir estos desafíos, se han desarrollado novedosas y variadas estrategias constructivas, que se pueden agrupar en función del lugar al que dirigen su actuación y principal interés:
Estrategias relacionadas con el terreno donde se asentará la construcción: buscan minimizar los impactos sobre el entorno, integrar la construcción en el paisaje y aumentar las opciones de transporte alternativos.
Estrategias centradas en la energía: su conservación y el uso de energías renovables que garanticen el uso eficiente de los recursos naturales y facturas de servicios públicos reducidos.
Estrategias que velan por el bienestar en el interior de la vivienda: recurren al uso de la luz y ventilación natural para reducir la energía consumida y mejorar la iluminación y el ambiente interior.
Estrategias de gestión de las aguas: máxima eficiencia y facturas de servicios públicos reducidos, junto al manejo de aguas pluviales y aguas grises.
En el uso de materiales: la reducción de estos, el reciclaje, el compostaje y el uso de materiales de construcción "verdes".
Y, finalmente, la tecnología como aliada en la búsqueda del edificio sostenible y eficiente. Tecnologías como la domótica, que tienen mucho que decir en el desarrollo de estrategias sostenibles futuras en el diseño, construcción y mantenimiento de edificios.

En definitiva, todas estas estrategias y su regulación en estándares y certificaciones, permiten obtener viviendas vivas, que 'respiran', y amigas del entorno en el que se encuentran.

The symbols on each project's fact sheet refer to the following:

Terrain
Terreno

Water
Agua

Energy
Energía

Materials
Materiales

Interior
Interior

Innovation
Innovación

PROJECTS

BIOCASA_82 - 8
HOUSE ON THE MORELLA RIVER - 16
BALANCING BARN - 24
A HOUSE FOR THE
BEST YEARS - 30
COBOGÓ HOUSE - 38
SOFT HOUSE - 46
AREOPAGUS RESIDENCE - 58
CASA 31_4 ROOM HOUSE - 66
EASTERBROOK HOUSE - 76
NANNUP HOLIDAY HOUSE - 84
SANTA CRUZ STRAW BALE HOUSE - 94
THROUGH HOUSE - 100
A21 HOUSE - 106
BRICK HOUSE - 114
THE NEST - 124
STAND 47 AT MONAGHAN FARM - 132

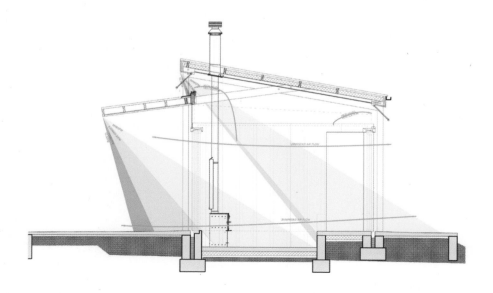

BIOCASA_82

Welldom Architects

Location Montebelluna, Italy
Surface area 5,220 square feet
Photographs © Marco Zanta

 Landscape integration
Garden with native plants

Integración al paisaje
Jardín con plantas autóctonas

 Rainwater collection and use

Recogida y uso de aguas pluviales

 Photovoltaic solar energy
Geothermal energy for the production
of heat, hot water, and cooling

Energía solar fotovoltaica
Energía geotérmica para la producción de calor,
agua caliente y refrigeración

 Recyclable materials
Local materials

Materiales reciclables
Materiales locales

 Free of radon gas
Free of electric, magnetic, and
electromagnetic harmful fields
Maximum interior comfort
(thermal, olfactory, visual, acoustic,
and psychological)

Libre de radón
Libre de campos eléctricos, magnéticos y
electromagnéticos nocivos
Máximo confort interior (térmico, olfativo,
visual, acústico y psicológico)

"We dreamed of a house that was not just pretty and comfortable but was also consistent with our values and our social responsibility to our country and its future generations." Following the owners' wishes, Welldom has succeeded in creating the first private home in Europe to be awarded the LEED Platinum certificate of conformity, the highest LEED for houses.

From the beginning, the house was designed with the intention of fitting perfectly within the agricultural area, with one eye on sustainability and a respect for the history and nature of its environment. Thus, the design was forced to observe a number of rules, for example, sloping roofs and windows with typical farm shutters. The idea of sustainability arose spontaneously from the start at the request of the owners and gradually improved, pushing its development to places never before explored within this type of residential project. Nevertheless, every detail has been also designed to enhance its inhabitants' quality of life; and although this is a "luxury" home, it is far removed from the concepts of wealth and consumerism. Its luxury is expressed through its respect for the environment without forgetting the important qualities that are fundamental in every home.

"Soñábamos con una casa que, además de ser bonita y confortable, mostrara una coherencia entre nuestros valores y la responsabilidad social para con el territorio y las generaciones futuras". Siguiendo los deseos de sus propietarios, Welldom ha conseguido que ésta sea la primera vivienda privada en Europa a la que se le ha otorgado el certificado de conformidad con el más alto nivel LEED para casas: LEED Platinum.

Desde el principio se diseñó con la intención de encajar a la perfección en el área agrícola, con miras a la recuperación ambiental sostenible y respetuosa con la historia y la naturaleza del entorno. Por tanto, el diseño se vio obligado a observar una serie de normas, como por ejemplo techos inclinados o ventanas con persianas típicas de granja. La idea de la sostenibilidad, que surgió espontáneamente desde el principio y a instancias de los propietarios, se mejoró gradualmente, empujando su desarrollo hasta lugares nunca explorados antes para este tipo de proyectos residenciales. Sin embargo, cada detalle ha sido diseñado también para promover el bienestar de sus habitantes; y aunque es una casa, por así decirlo, "de lujo", no tiene nada que ver con la opulencia o el consumo. Por tanto, se expresa en su diseño la voluntad de respeto por el medio ambiente, pero sin olvidar nunca las cualidades que todo hogar ha de poseer.

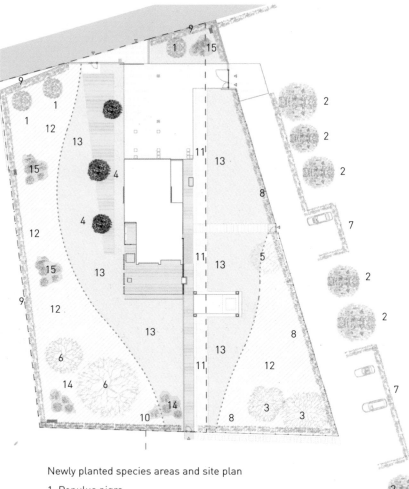

Newly planted species areas and site plan

1. Populus nigra
2. Prunus avium
3. Acer campestre
4. Calicanthus praecox
5. Fraxinus ornus
6. Existing trees
7. Regulated hedge
8. Freeform hedge
9. Hornbeam hedge
10. Cherry laurel hedge
11. Flowerbed
12. Mowing lawn
13. Lawn
14. Taxus baccata
15. Buxus sempervirens

North elevation

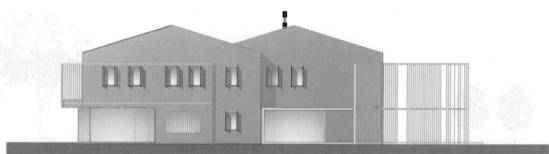

West elevation

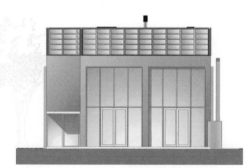

South elevation

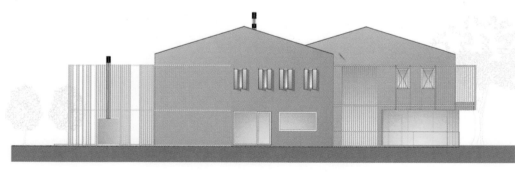

East elevation

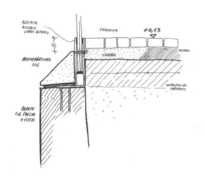

Section sketch of the forecourt

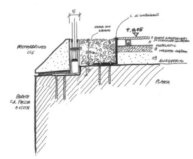

Section sketch of the wooden walkway

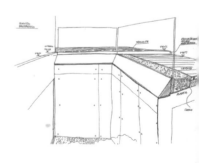

Perspective sketch

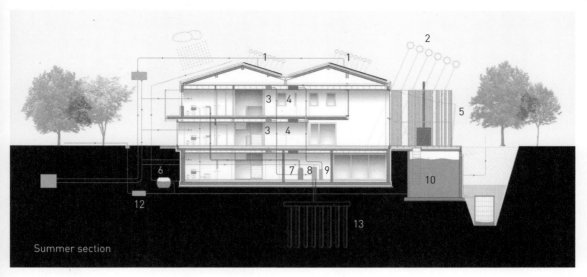

Summer section

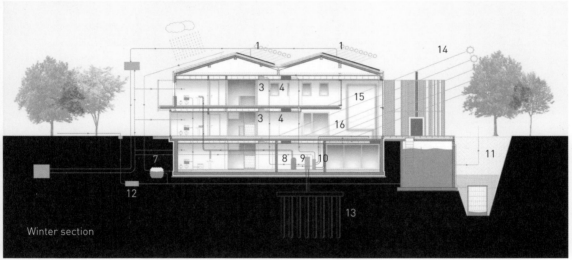

Winter section

1. Photovoltaic modules
2. Summer solstice 67o
3. Radiant ceilings
4. Mechanical ventilation with heat recovery
5. Filtering system
6. Recovery and reuse of rainwater
7. Water heater
8. HP1
9. HP2
10. Accumulating tank
11. Irrigation system
12. Oil separator, de-oiler, and grease separator
13. Geothermal heat pump
14. Winter solstice 21o
15. Solar heat recovery with mechanical ventilation
16. Solar heat recovery with radiant floor

The interior maintains a uniform temperature and
humidity all year, the acoustics prevent internal
reverberations, and the lighting is totally natural.

El clima interior de la vivienda conserva una temperatura
y humedad estándar todo el año, la acústica evita las
reverberaciones internas y la iluminación interior
es totalmente natural.

HOUSE ON THE MORELLA RIVER

Andrea Oliva Architetto | Studio Cittaarchitettura

Location Castelnovo di Sotto, Italy
Surface area 22,604 square feet
Photographs © Kai-Uwe

 Suspended by the ground to protect the aquifer

Suspendida sobre el suelo para proteger el acuífero

 Rainwater collection and use

Recogida y uso de aguas pluviales

 Photovoltaic solar energy
Passive solar
Green roof

Energía solar fotovoltaica
Energía solar pasiva
Cubierta verde

 Natural daylight
Double insulated glazing separated by argon
Mechanised system to recycle the air

Luz natural
Doble acristalamiento aislante separado por argón
Sistema mecanizado para reciclar el aire

The typological value of this home is defined by its relationship with the highway, just two hundred feet away, and its design that enables it to be an integral part of the environment.
Dominated by permanent grassland, the landscape establishes a strong con- nection between the architecture and the agricultural surroundings. This rela- tionship is achieved through improved internal and external points of view and through the interaction between solid and empty shapes (porches and windows). The design take into account the relationship between architecture and landscape.
Given all these variables, the main structure of the house is based on two elements: the large porch that surrounds the building and the inner body of the house. The porch acts as the element that defines the boundaries between home and countryside, while "independent objects," such as the stairs and ramps, represent a natural extension of the highways and roads. Meanwhile, the facades, enveloped by the surrounding porch, are characterized by the relation-ship between the filled and empty spaces that define the way in which the house relates to its surrounding landscape.

Construida a sesenta metros de la carretera, su valor tipológico está definido por su relación con ésta y por un diseño que le permite ser parte integral del entorno.
El paisaje, dominado por praderas permanentes, permite establecer una fuerte conexión entre la arquitectura y el entorno agrícola. Esta relación se consigue a través de la mejora de los puntos de vista internos y externos, y a través de la interacción entre volúmenes llenos y vacíos (porches y ventanas). Además de tener en consideración las relaciones entre la arquitectura y el paisaje, en su diseño también se lleva a cabo un análisis de conceptos tales como la cercanía y la distancia, lo público y lo privado, el observador y el observatorio.
Teniendo en cuenta todas estas variables, la estructura de la vivienda se desarrolla a partir de dos elementos principales: el gran porche exterior que rodea el edificio y el cuerpo interior de la casa. El porche actúa como el elemento que ayuda a definir los límites entre la casa y el campo, mientras que los "objetos independientes", como las escaleras y las rampas, representan una extensión natural de las carreteras y los caminos. Por su lado, las fachadas, envueltas por el porche, se caracterizan por el juego que se establece entre espacios llenos y espacios vacíos como elementos que permiten a la vivienda relacionarse con el paisaje circundante.

18

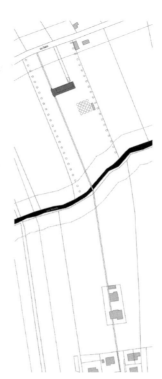

Site plan

The home's foundation is aboveground in order to protect it from water runoff—like a throwback to the historical settlements of Terramare.

La residencia está construida elevada para protegerse del agua sobre el terreno y como reminiscencia de los asentamientos históricos de Terramare.

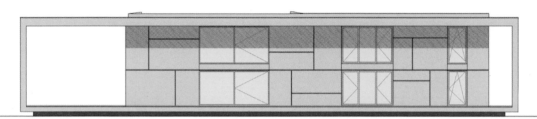

South elevation

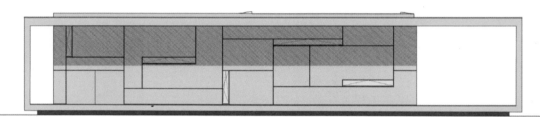

North elevation

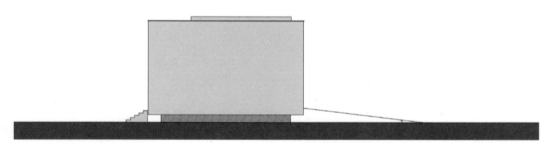

East elevation

Section A-A
Section B-B

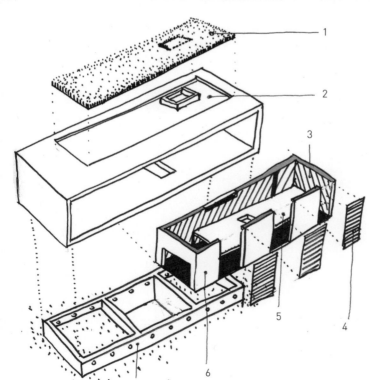

Sketch of axonometric exploded view

1. Green roof
2. Climate reliever
3. Inertial wall
4. Sun screens
5. South large openings
6. Massive wall
7. Ventilated foundation

Solar and winds orientation diagram

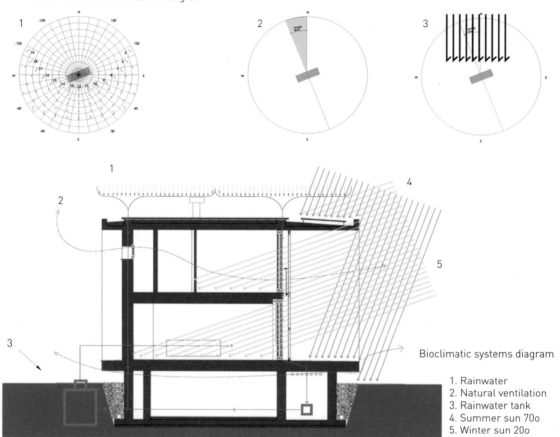

Bioclimatic systems diagram

1. Rainwater
2. Natural ventilation
3. Rainwater tank
4. Summer sun 70o
5. Winter sun 20o

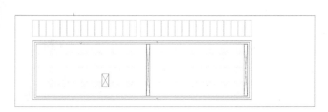

Roof

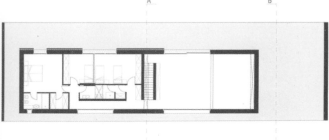

First floor

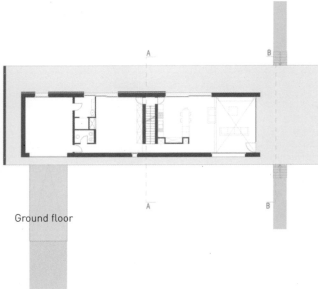

Ground floor

Basement floor

BALANCING BARN

MVRDV

Location Thorington, England
Surface area 2,260 square feet
Photographs © Edmund Sumner, Chris Wright

Landscape integration
Integración al paisaje

Geothermal energy
Energía geotérmica

High insulation
Alto aislamiento

Located in a beautiful setting, near a small lake, this house blends in to the natural environment through its architecture and its engineering. Its design, in the form of a traditional barn with reflective metal sheeting, references the local construction style. Contemporary architecture permeates all areas and spaces, even the most traditional.

Despite appearing to be a small house for two people, when visitors approach they appreciate the full length of the house and its overhang. At more than one hundred feet long and with an overhang of fifty feet the house is submerged completely in nature thanks to its lineal structure. Visitors are treated to nature from the ground floor to the final room in the overhang, which is the height of the trees and boasts windows on three sides as well as in the floor and ceiling. Moreover, the metallic cladding will never cease to reflect the continuous pas- sage of the seasons.

The beautiful balance achieved by the attractive overhang is possible because of the rigidity of the building: the structure has a central concrete core, where the section that sits on the floor has been built with heavier materials making up the cantilevered section.

Situada en un hermoso enclave cerca de un pequeño lago, esta vivienda responde a través de su arquitectura e ingeniería a las características condiciones del enclave y del entorno natural. Además, su diseño, en forma del tradicional granero y con láminas de metal reflectante, tiene como referencia el tipo de construcción local. La arquitectura contemporánea se sumerge en todos los ámbitos y lugares, incluso en los más tradicionales.

Pese a parecer una casa pequeña para dos personas, es cuando los visitantes se aproximan que experimentan la longitud total de la vivienda y de su voladizo. Con más de treinta metros de largo y un voladizo de quince metros sobre una pendiente, la vivienda, gracias a su estructura lineal, se sume completamente en la naturaleza. El visitante experimenta primero la naturaleza a nivel del suelo y, en última estancia, en el voladizo, a la altura del árbol, gracias a las ventanas en tres de sus paredes, en el suelo y en el techo. Además, su recubrimiento metálico no dejará nunca de reflejar el continuo paso de las estaciones.

El precioso equilibro que mantiene al bello voladizo es posible gracias a la rigidez del edificio: la estructura cuenta con un núcleo central de hormigón, donde la sección que se asienta en el suelo ha sido construida con materiales más pesados que los que conforman la sección en voladizo.

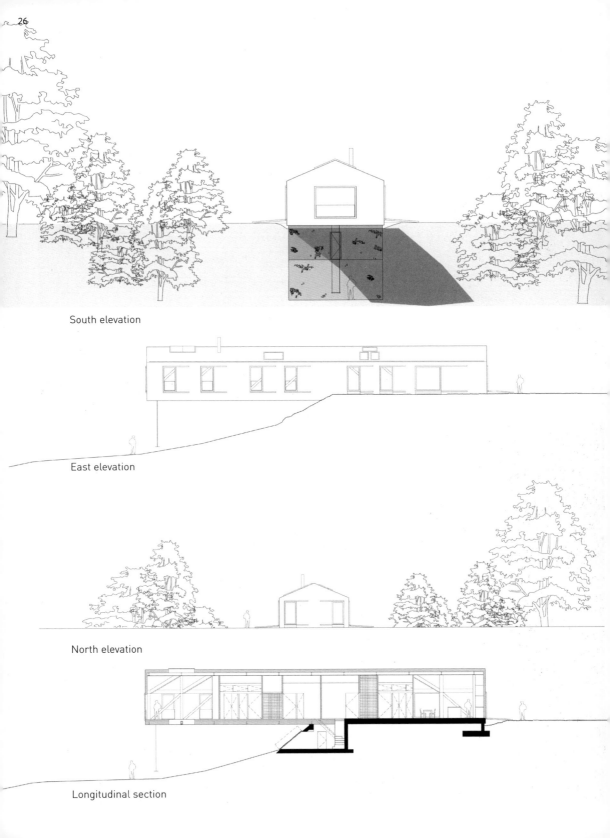

South elevation

East elevation

North elevation

Longitudinal section

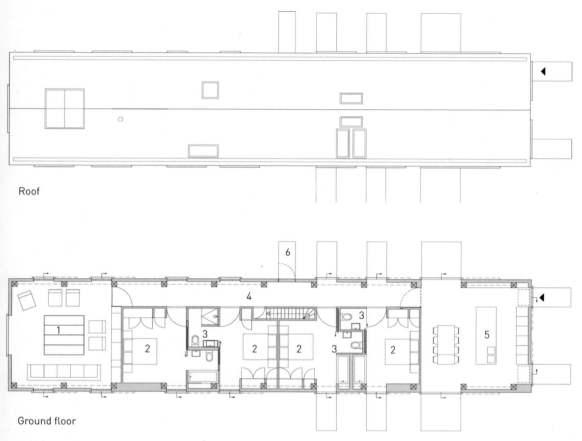

Roof

Ground floor

1. Living room
2. Bedrooms
3. Bathrooms
4. Hallway
5. Living room / Kitchen
6. Hidden fire escape door

The sequence of four double bedrooms, each one with a shower and separate toilet room, is interrupted in the center of the home with a hidden staircase that accesses the lower garden.

La secuencia de cuatro dormitorios dobles, cada uno con ducha e inodoro separados, se interrumpe en el centro de la vivienda con una escalera oculta que da acceso al jardín inferior.

A HOUSE FOR THE BEST YEARS

Matej Gašperic

Location Velesovo, Slovenia
Surface area 1,668 square feet
Photographs © Virginia Vrecl

 Visual integration
Integración visual

 Rainwater collection and use
Recogida y uso de aguas pluviales

 Low energy consumption
Bajo consumo de energía

 Domotics: KNX home control
Domótica: Sistema de control del hogar KNX

 Wooden construction
Construcción en madera

 Natural daylight
Luz natural

This property was designed as the perfect home for an older couple with their own list of expectations and personal preferences. With their children now grown up, the parents are returning to life as a couple, and while the children will still return to the house, they will do so only for visits. The house also needed to be sustainable in the widest sense of the word, with low energy consumption.

The powerful combination of romantic pastures and contemporary architectural approaches is in tune with the rural environment and fits with the owners' passion for living life in the present. The wrought-iron peacock on the roof that dutifully marks the direction of the wind, together with other details, reinterprets knowledge and forgotten forms that are carefully adopted into modern materials, construction methods, and, of course, the new way of life.

The long, thin house, humbly follows the natural slope without being higher at any point. It maintains its proportionality as a fixed-height shape, giving it a unique look. Furthermore, the local architectural heritage, rich in both quality and quantity, was respected on all levels throughout the entire design process.

As the last building of the village, the house acts as a type of transition between the urbanized area and the surrounding meadows and countryside.

La vivienda se diseñó para ser el hogar perfecto de una pareja ya mayor. Con lo hijos ya crecidos, los padres vuelven a ser una pareja, y los hijos, aunque volverán, claro, lo harán solo como visitas. Además, tenía que ser sostenible en sentido amplio de la palabra y de bajo consumo energético.

La potente combinación visual de románticos pastos con enfoques arquitectónicos contemporáneos está en sintonía con el entorno rural, y obedecen a la pasión de los propietarios por vivir la vida en el presente. El pavo real de hierro forjado que obedientemente marca la dirección del viento en el tejado, junto a otros detalles, reinterpretan conocimientos y formas ya desaparecidas que son cuidadosamente adoptadas a materiales contemporáneos, estrategias de construcción y, por supuesto, a las nuevas formas de vida.

La vivienda, larga y delgada, sigue humildemente la pendiente natural del terreno sin llegar a ser más alta en ningún punto. Mantiene su proporcionalidad, un volumen fijo en su altura, lo cual la dota de un aspecto distintivo único. Además, el patrimonio arquitectónico local, rico en calidad y cantidad, se respeta en todas la fases del proceso de diseño.

Como último edificio de la aldea, la vivienda actúa como forma de transición desde la zona urbanizada hacia la zona de prados y campos colindantes.

The porch entryway offers an unobstructed view. The open layout traps and conserves incoming sunlight from the south and directs it inside through the structure of adjacent spaces.

La entrada desde el porche ofrece una vista despejada, un ambiente amplio que recoge y conserva los rayos de sol del sur y los envía hacia el interior, a través de la estructura de espacios contiguos.

Site plan

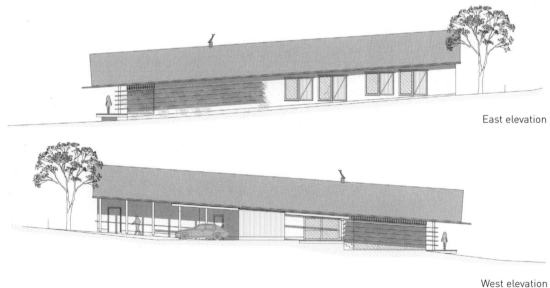

East elevation

West elevation

Longitudinal section

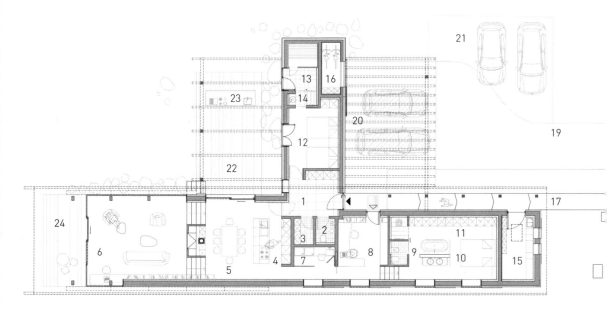

West elevation

1. Entrance
2. Toilet
3. Storage room
4. Kitchen
5. Dining room
6. Living room
7. Utility room
8. Studio
9. Bathroom
10. Master bedroom
11. Wardrobe
12. Guest room
13. Sauna
14. Shower
15. Heating and ventilation
16. Bike storage
17. Walkway
18. Corridor
19. Driveway
20. Parking
21. Guest parking
22. Summer terrace
23. Outdoor kitchen
24. Morning terrace

COBOGÓ HOUSE

Studio mk27 - Marcio Kogan + Carolina Castroviejo

Location São Paolo, Brazil
Surface area 10,764 square feet
Photographs © Nelson Kon

Low water consumption
Pool maintenance without chemical products

Bajo consumo de agua
Mantenimiento de la piscina sin productos químicos

Photovoltaic solar energy
Energía solar fotovoltaica

Recycled and ecological materials
Materiales reciclados y ecológicos

Natural daylight
Luz natural

The abundant tropical sunlight strikes the white of the upper floor of the house, entering through holes in the recesses and covering the entire floor of the inte- rior space. Thus, the confluence of shadows and sunlight creates the illusion of a delicate visual lace. The effect is further enhanced throughout, allowing light to create its own shapes. During the course of the day, as the months elapse, the recesses assume different forms with the changing nature of the sunlight; not even at night does this effect cease to be transformed: in a continuous process of metamorphosis, light alone is able to transform the very shape of the house.

The soft volumetric geometry of the recesses is a complex construction, with endless curves. The modular element is a work of art designed by Erwin Hauer, who has been creating sculptures for architectural spaces since 1950. His mini- malist elements, in dialogue with architecture, are a nod to the Brazilian archi- tecture of Oscar Niemeyer. In addition, the concrete shapes are adapted from the cobogós that give the house its name. Created in Recife, Brazil, these are a delicate reference to colonial architecture.

Finally, the use of environmentally friendly architecture and a respect for the local climate give this home a very comfortable interior.

La abundante luz del sol tropical incide sobre el volumen blanco de la planta superior de la vivienda, penetra a través de los agujeros del entramado y cubre todo el suelo del espacio interior. De este modo, la confluencia de sombras y rayos solares establece un delicado encaje visual. El efecto, además, se multiplica por todo el ambiente y permite que la luz cree una construcción propia. A lo largo de los días, a lo largo de los meses, los agujeros asumen diferentes formas con el cambio de la incidencia del sol; por la noche, este efecto tampoco para de transformarse: en un continuo proceso de metamorfosis, la forma de la vivienda consigue cambiar simplemente desde la luz.

La geometría volumétrica suave del entramado es una construcción compleja, con líneas curvas infinitas. El elemento modular, una obra de arte, fue diseñado por Erwin Hauer que concibe y realiza esculturas para espacios arquitectónicos desde 1950. Sus elementos minimalistas, en diálogo con la arquitectura, son un guiño a la arquitectura brasileña de Niemeyer. Además, los módulos de hormigón son un adaptación de los cobogós que dan nombre a la casa, creados en Recife y que son una delicada referencia a la arquitectura colonial.

Finalmente, el uso de una arquitectura sostenible, junto con el respeto por el clima local permiten que la vivienda tenga un excelente confort interior.

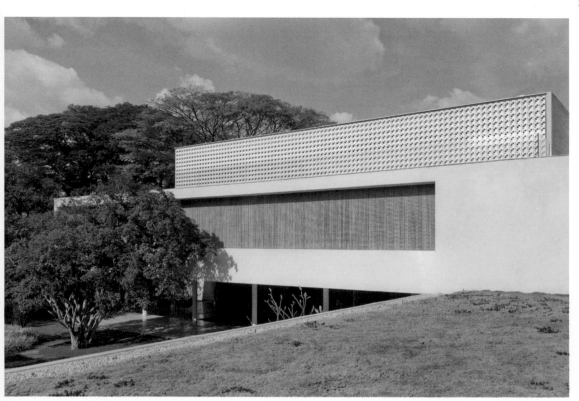

Site plan

House volumes diagram

The use of mashrabiya latticework provides soothing ventilation and shadows. The panels can be completely opened from floor to ceiling, thereby diluting the transition between the interior and exterior.

La utilización de mashrabiya de madera proporcionan buena ventilación y sombras. Los paneles se pueden abrir por completo de suelo a techo y diluir así la transición entre interior y exterior.

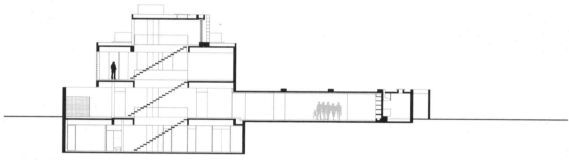

Section 1

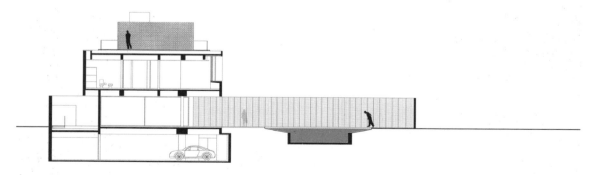

Section 2

44

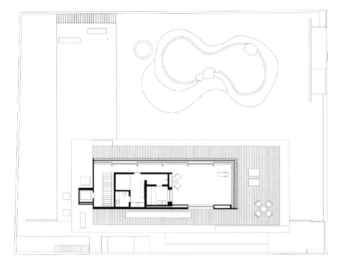

Second floor

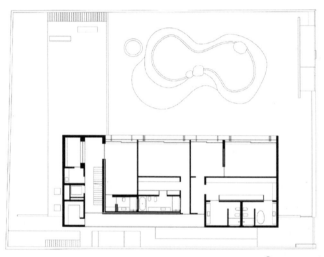

First floor

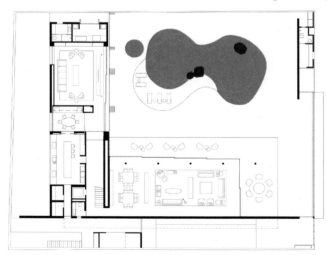

Ground floor

1. Living room
2. Dining room
3. Kitchen
4. TV room
5. Barbecue area
6. Terrace
7. Guest room 8. Bedroom
9. Study / TV room
10. Master bedroom
11. Closet
12. Wine cellar
13. Pantry
14. Wardrobe
15. Gym
16. Sauna
17. Deck
18. Bathroom

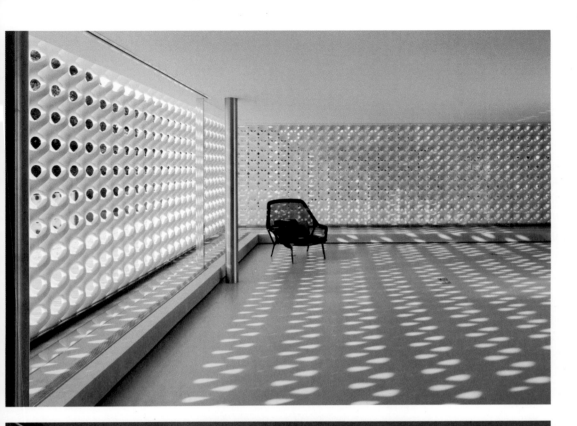

SOFT HOUSE

Kennedy & Violich Architecture, Ltd.

Location Hamburg, germany
Surface area 9,902 square feet
Photographs © Kennedy & Violich Architecture © Michael Moser

 Landscape integration Good transportation and walkability — Integración al paisaje Buen transporte y tránsito

 Photovoltaic solar energy: orientable panels CO2 low consumption — Energía solar fotovoltaica: paneles orientables Bajo consumo de CO_2

 Local material: wood Recyclable materials Sustainable wood — Material local: madera Materiales reciclados Madera sostenible

 Domotics: Soft House smart building management system (BMS) Smart curtains — Domótica: Sistema de gestión de edificio inteligente (BMS) Cortinas inteligentes

 Natural daylighting Natural ventilation — Iluminación de luz natural Ventilación natural

Completed in June 2013, this is a set of four housing units designed for life and work. The project's construction gains its character from a traditional structure made of solid local wood, which can be fully recycled at the end of the building's life span. The architectural shell is simple, solid, and durable. The organization of the design shows how a domestic infrastructure can become a "soft" attrac- tive, ecological, solid-wood construction.

The clean domestic energy, lighting, and elements that liberate the internal spaces are transformed into a type of mobile furniture, and are interactive, up- gradable, and connected to the home's wireless network, an intelligent building management system. Thus designed for a flexible life, the wireless controls of the building articulate an infrastructure of sensitive textiles that establishes a new public identity for architecture.

This Kennedy & Violich Architecture project meets and exceeds the stringent German Passivhaus Institut environmental standards: it transforms the rigid ty- pology that these environmental requirements impose, to create a free house with zero carbon footprint, which is adaptable and can be personalized to meet the changing needs of the owners and of the house itself.

Completada en junio de 2013, es un conjunto de cuatro unidades de viviendas alineadas para vivir y trabajar. La construcción del proyecto se caracteriza por una estructura tradicional realizada con madera maciza local, que puede ser completamente reciclada al final de la vida del edificio. El cascarón arquitectónico es sencillo, sólido y duradero. El conjunto demuestra cómo una infraestructura doméstica puede convertirse en una "suave" y atractiva construcción en madera maciza ecológica.

La energía doméstica limpia, la iluminación y los elementos que permiten liberar espacios interiores se transforman en una especie de muebles móviles, interactivos, actualizables y conectados a la red inalámbrica de la vivienda, un sistema de gestión de edificios inteligentes. De esta forma, con un diseño para un vida flexible, controles inalámbricos del edificio articulan una infraestructura de textiles sensibles que establecen una nueva identidad pública de la arquitectura.

El proyecto de Kennedy & Violich Architecture cumple y supera los rigurosos estándares ambientales Passivehaus alemanes: transforma la rígida tipología que imponen estos requerimientos ambientales, para crear una vivienda libre de huella de carbono, adaptable y que puede ser personalizada para satisfacer las cambiantes necesidades de los propietarios y de la vivienda.

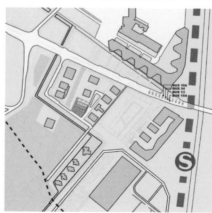

Site plans

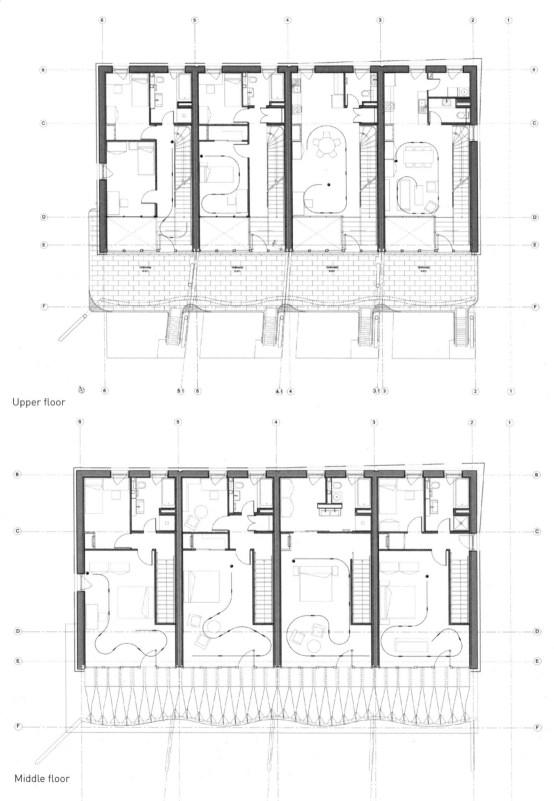

Upper floor

Middle floor

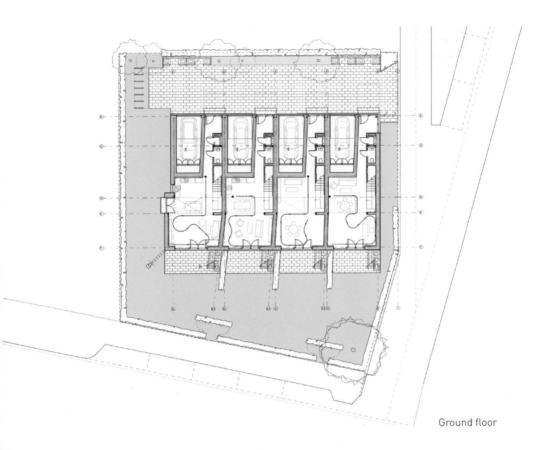

Ground floor

The solid wood floors and walls give the architectural structure permanence yet are totally recyclable upon the completion of the building's useful life.

Con paredes y suelos de madera maciza, la arquitectura se convierte en permanente y, sin embargo, es totalmente reciclable al final de la vida efectiva del edificio.

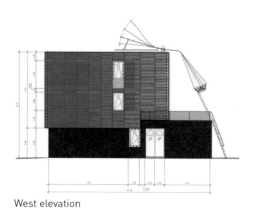

West elevation

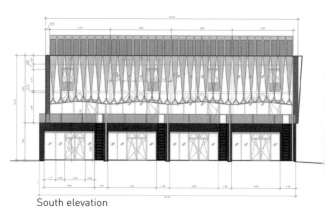

South elevation

East elevation

North elevation

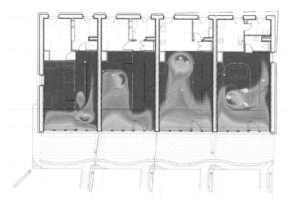

Interior thermal climate diagram

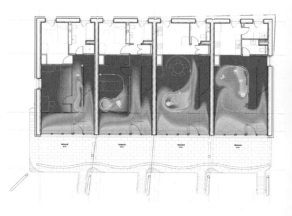

Radiant temperature

Like a sunflower, the facade moves to capture the maximum amount of solar energy. The flexible and innovative photovoltaic structure surrounding one side of the building adapts every day to the sun's movement.

Como un girasol, la fachada se mueve para capturar la máxima energía solar. La flexible e innovadora estructura fotovoltaica que envuelve parte del edificio, se adapta de forma diaria y estacional al movimiento solar.

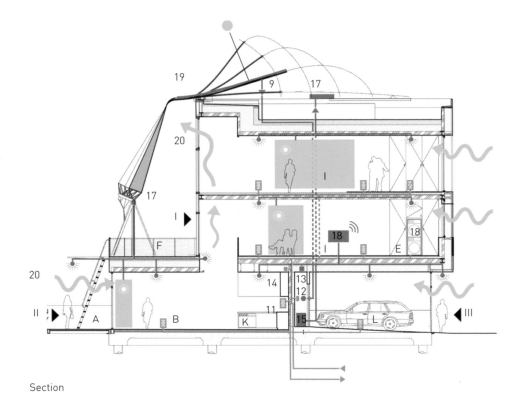

Section

I. Terrace entry
II. Garden entry
III. Primary entry

A. Terrace and private garden
B. Living room
C. Winter garden
D. Mechanical room
E. Bathroom / Laundry
F. Upper terrace / Garden
G. Bridge
H. Stairwell with wire mesh
I. Bedroom
J. Skylight with reflectus
K. Kitchen
L. Garage

1. Geothermal pump
2. Hotwater tank
3. Radiant cooling and heating
4. Mechanical ventilation return
5. Mechanical ventilation supply
6. Views to park and canal
7. Winter position
8. Fall position
9. Summer position
10. Hurricane position
11. Electrical distribution panel (AC)
12. AC-DC converter
13. DC mechanical device
14. AC mechanical device
15. AC receptable
16. DC 30v. lighting
17. DC motors
18. DC system controller and wireless dimmer
19. Photovoltaic cell
20. Stacking effect for natural ventilation
21. Views to sky and dynamic membrane

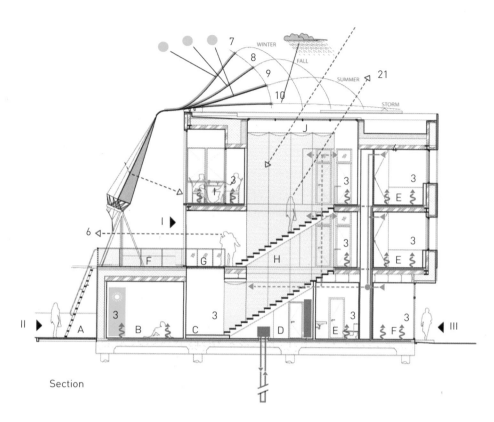

WINTER
FALL
SUMMER
STORM

7
8
9
10
21

J
4
3
3
E
3
3
E
3

I ▶
6 ◁
F
G
H

3
A
B
C
3
D
E
3
F
3

II ▶
III ◀

Section

56

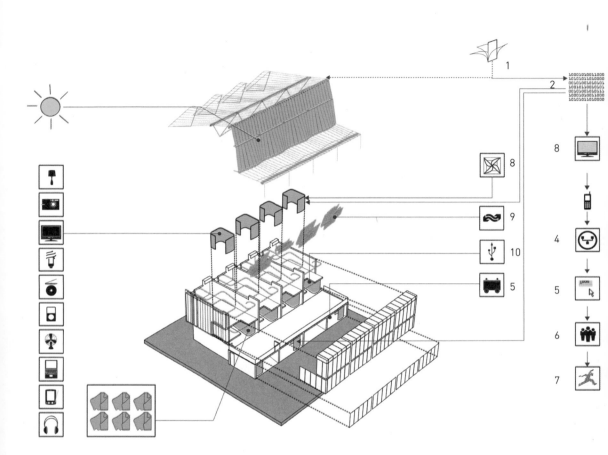

Smart building systems axon

1. Wind sensor
2. Data
3. SOFT HOUSE. Clean Energy System GNU / Linux / Mac Os / Windows / Java
4. Internet
5. Open source
6. Community: user group
7. Visual breeze
8. Fan
9. Soft ducts
10. USB

The design expands on the traditional functions of the curtain. By allowing movement, "rooms" are instantly created that can trap sunlight and use it to heat or cool the house.

El diseño amplía las funciones tradicionales de la cortina: al moverse, crean "habitaciones" al instante que concentran zonas de calentamiento o enfriamiento del suelo radiante.

AREOPAGUS RESIDENCE

Paravant Architects

Location Atenas, Costa Rica Surface area 8,072 square feet Photographs © Julian Trejos © Christian Kienapfel

 Landscape integration · Integración al paisaje

 Rainwater collection and use · Recogida y uso de aguas pluviales
Gray water recycling · Reciclaje de aguas grises
Minimized water waste · Mínimo malgasto del agua

 Passive solar · Energía solar pasiva
Photovoltaic solar energy · Energía solar fotovoltaica

 Recycled materials · Materiales reciclados

 Passive cooling: cross ventilation and pool as a cooling pond · Refrigeración pasiva: ventilación cruzada y piscina como estanque refrigerante
Natural daylight · Luz natural

Planned by Paravant Architects as a retirement home for a client, this residence blends harmoniously into the landscape of the mountains of Costa Rica.

This thoughtfully designed project has two distinct facades, which take into consideration both the orientation of the walls and openings and the existing specific conditions of the site. By using passive strategies, no mechanical air-conditioning system is necessary in the house and the total amount of energy required to maintain a comfortable temperature is greatly reduced in comparison to buildings of a similar size and configuration.

The street-facing facade is a large concrete wall that provides the privacy that is needed. The openings frame the views to the nearby mountains and, together with other strategically placed openings, provide natural cross-ventilation through-out the property.

The south-facing facade, with its ample glazed areas and deep eaves, is com-pletely open to the breathtaking views over the valley of San José. The living room boasts a fifty-foot-long sliding glass panel that is totally retractable into the corner, drawing attention to the strong relationship that is established be-tween the inside and the outside of the house.

Planeada por Paravant Architects como residencia de retiro para el cliente, es una vivienda que se integra armoniosamente en el paisaje de las montañas de Costa Rica.

Con un diseño reflexivo, el proyecto cuenta con dos fachadas bien diferenciadas donde se tienen en consideración: la orientación de las paredes y las aberturas, y las especiales condiciones existentes en el sitio. De esta forma, el uso de estrategias pasivas permite que en la vivienda no sea necesario un sistema de aire acondicionado mecánico, y que se reduzca drásticamente la energía total necesaria para mantener un ambiente confortable en comparación con edificios de un tamaño y configuración similares.

La fachada de la calle es una gran pared de hormigón que brinda la privacidad deseada. Las aberturas enmarcan las vistas a las cercanas montañas y, junto a otras aberturas estratégicamente situadas, proporcionan una ventilación natural y cruzada de toda la vivienda.

La fachada orientada al sur, con un amplio acristalamiento y aleros profundos, se encuentra totalmente abierta a las impresionantes vistas hacia el valle de San José. El salón, con una pared de vidrio deslizante de dieciséis metros de largo y totalmente retractable en una esquina, consigue que el habitante experimente la fuerte relación que se establece entre el interior y el exterior de la vivienda.

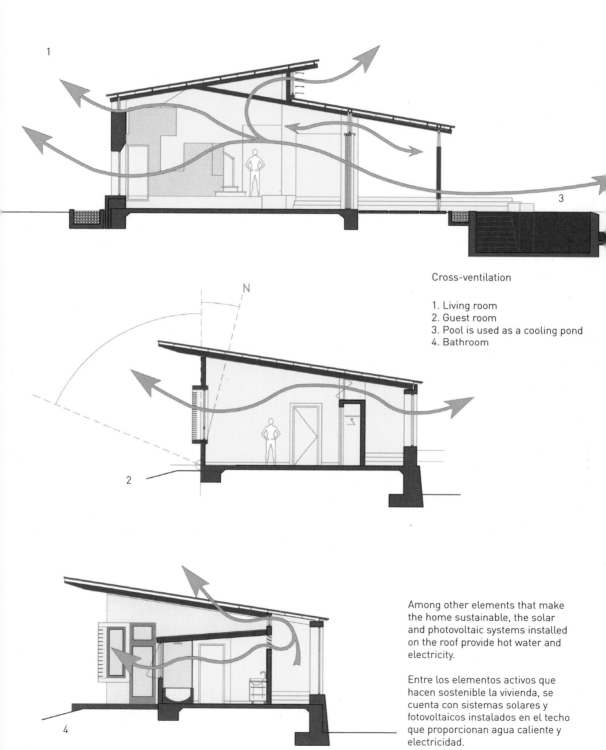

60

Cross-ventilation

1. Living room
2. Guest room
3. Pool is used as a cooling pond
4. Bathroom

Among other elements that make the home sustainable, the solar and photovoltaic systems installed on the roof provide hot water and electricity.

Entre los elementos activos que hacen sostenible la vivienda, se cuenta con sistemas solares y fotovoltaicos instalados en el techo que proporcionan agua caliente y electricidad.

South elevation

The pool, with its trailing edge, increases the perceived magnitude of space and acts like a cooling pond, by reducing the interior air temperature.

La piscina, con su borde de fuga, aumenta la experiencia espacial de esta zona de la vivienda.
Además, actúa como un estanque de enfriamiento al permitir la reducción de la temperatura del aire en la casa.

East elevation

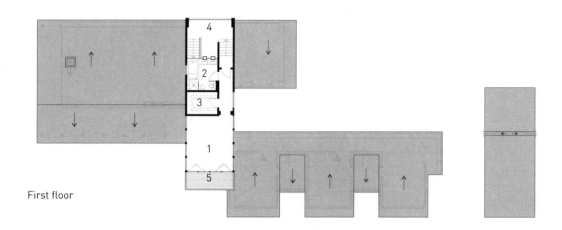

First floor

Ground floor

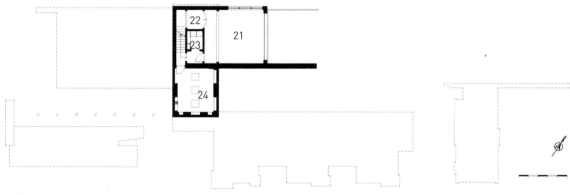

Basement

1. Master bedroom
2. Master bathroom
3. Master closet
4. Mezzanine
5. Balcony
6. Living room
7. Fireplace
8. Endless pool
9. Dining area
10. Foyer with glass flooring
11. Powder room
12. Kitchen with pantry
13. Observation deck
14. Porch
15. Gallery
16. Bedrooms
17. Bathrooms
18. Art studio
19. Office
20. Outdoor theater
21. Parking
22. Equipment room
23. Laundry room
24. Wine cellar

CASA 31_4 ROOM HOUSE

Caroline Di Costa Architect and Iredale Pedersen Hook

Location Perth, Australia
Surface area 2,518 square feet
Photographs © Peter Bennetts

Visual integration
Minimal removal of material from the site

Integración visual
Mínima extracción de material del terreno

Low water consumption and storage
Solar hot water system

Bajo consumo de agua y almacenaje
Sistema de agua caliente solar

Low-energy light fittings
Photovoltaic solar energy

Elementos de iluminación de bajo consumo
Energía solar fotovoltaica

Recycled materials

Materiales reciclados

Cross-ventilation
Cooled with a manually operated
reticulation system

Ventilación cruzada
Refrigerado con un sistema de red operado
manualmente

This house reinterprets the role of memory, tradition, and social and cultural value in a rich spatial experience that is both familiar and unfamiliar. Caroline Di Costa and iredale pedersen hook architects' work preserves and reinterprets the past. The house's design is a clear example of the importance of maintain- ing a 1935 Queen Anne-style house, while embracing the expectations of con- temporary life and remaining faithful to its context on the street and the privacy of the neighboring houses: the house next door completes the sequence of the street in which "twins should never be separated."

All the living spaces contain elements of the past: the ceiling tiles, the use of the fireplace as a water reservoir, as well as the covers, doors, architraves, and furniture. At the same time, the front facade engages the street, maintaining the architectural style and tradition and reminding us of the value of the front garden as a social environment and meeting place.

If the front facade remains almost intact, as a silent figure or backdrop, the back is outgoing, complex, and challenging: a large mobile screen provides privacy, shade, and freshness. It manages to achieve a reinterpretation of the surround- ing cityscape and the juxtaposition of old and new, historical and contemporary.

Esta casa reinterpreta el papel de la memoria, la tradición y el valor social y cultural en una rica experiencia espacial que es simultáneamente familiar y no familiar. La arquitectura de Caroline Di Costa e iredale pedersen hook architects preserva y reinterpreta el pasado. El diseño de la vivienda es un ejemplo claro de la importancia de preservar una casa de 1935 de estilo Queen Anne, con la capacidad de abrazar las expectativas contemporáneas de vida, sin olvidar el contexto de la calle o la privacidad de las fincas colindantes: la casa vecina completa la secuencia de la calle donde nunca se deben separar "gemelos y mellizos".

Todos los espacios de la vivienda contienen elementos del pasado: las tejas del techo, la chimenea como colector de agua, así como cubiertas, puertas, arquitrabes y muebles. Al mismo tiempo, la fachada delantera se acopla con la calle, mantiene el estilo y la tradición arquitectónica, y recupera el valor del jardín delantero como entorno social y lugar de encuentro.

Si la fachada delantera permanece casi intacta, como figura silenciosa o telón de fondo, la parte trasera es extrovertida, compleja y desafiante: una gran pantalla móvil proporciona privacidad, protección solar y refrigeración. Se logra una reinterpretación del paisaje urbano circundante y la unión entre lo viejo y lo nuevo, entre lo histórico y lo contemporáneo.

North elevation

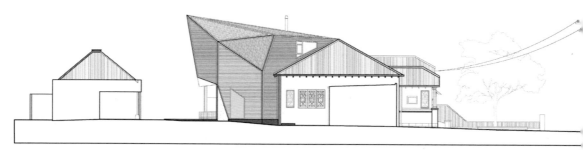

South elevation

East elevation

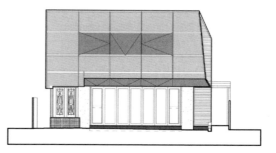

West elevation

Longitudinal section

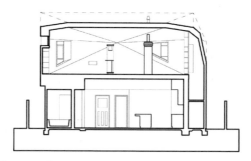

Cross section

Kitchen sketch

The low-tech air-conditioning system on the top floor, inspired by the Coolgardie Safe used in the nineteenth century, cools hot air through the principle of heat transfer that occurs during the evaporation of water.

En la planta superior, un sistema de baja tecnología, inspirado en el Coolgardie Safe del siglo XIX, refrigera el aire caliente en movimiento a través plafones de telas humedecidas mediante goteo.

Stairs sketch

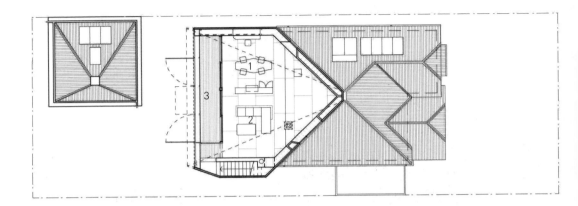

First floor

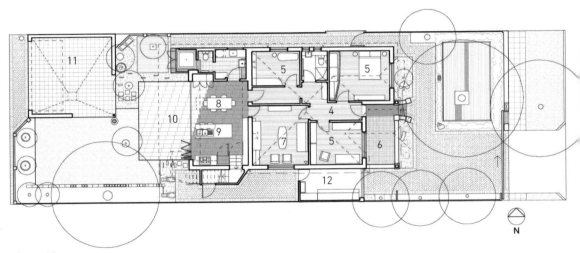

Ground floor

1. Study
2. Living room
3. Balcony
4. Entrance
5. Bedrooms
6. Veranda
7. Lounge
8. Dining room
9. Kitchen
10. Terrace
11. Multipurpose room
12. Workshop

EASTERBROOK HOUSE

Dorrington Atcheson Architects

Location Titirangi, New Zealand
Surface area 1,291 square feet
Photographs © Emma-Jane Hetherington

Passive solar
Energía solar pasiva

Natural daylight
Natural ventilation
Luz natural
Ventilación natural

Built as an escape from the city, this house is designed to provide a family with two children the opportunity to simplify their lives, while remaining aware of their surroundings and having a good time.

Situated in an isolated area with plenty of sun and views of the surrounding mountains, the hallmarks of this home are its identity with rustic outdoor living. This Titirangi property integrates a duo of compact buildings constructed from humble materials, allowing the environment to take its rightful place in the de- sign. The main house—with its barn-shaped form and adult and child bedrooms located at opposite ends—and its mini-me cousin share a similar aesthetic and layout.

The family of four has moved into their new home and is enjoying a slower, gentler way of life. To achieve this, the color of their environment has played an integral part in the design process, an outward expression of their desire to live a more creative lifestyle. Thus, the choice of colors was central to the finish. Yellow and red accents complement the plywood walls and ceilings, and the concrete floors lend a playful and dynamic feel to the interior.

El diseño de la vivienda, construida como medio de escape de la ciudad, brinda a una familia con dos hijos la oportunidad de simplificar su vida, ser conscientes de su entorno y pasar un buen rato.

Ubicada en relación al sol, a su aislamiento y a las vistas al monte circundante, la vivienda tiene como señas de identidad de su diseño las formas utilitarias de una tienda de campaña y un cobertizo. Esta vivienda Titirangi la integran un dúo de edificios compactos, que utilizan un conjunto humilde de materiales y permiten que el entorno ocupe su merecido lugar en el diseño. De esta forma, la vivienda principal, en forma de granero y con habitaciones para adultos y niños en los extremos opuestos, y su primo "mini yo", comparten una estética y una planificación similares.

La familia de cuatro se instala en su nueva casa y disfruta de un ritmo de vida más lento, más suave. Para ello, la coloración de su entorno ha sido parte integral del proceso de diseño, una expresión externa de su deseo de vivir de manera más creativa. Por tanto, la elección de los colores es central en el acabado final. El punto de partida son los tonos que reflejan la levedad del ser y que son una llamada a la naturaleza libre del espíritu de sus dos hijos.

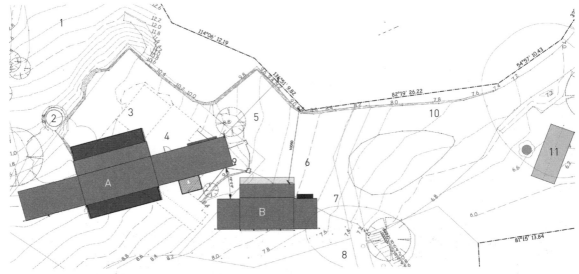

Site plan

A. Major Dwelling
B. Minor Dwelling

1. One-foot-high bund as per flood engineer's report
2. Existing spa pool to be retained
3. Area returned to grass
4. Demolished house outline

5. Car parking
6. Line of thirty-two-foot boundary setback
7. Minor dwelling car parking
8. Drip line of tree
9. Line of sixty-five-foot riparian zone setback
10. Gravel driveway, retained
11. Existing garage

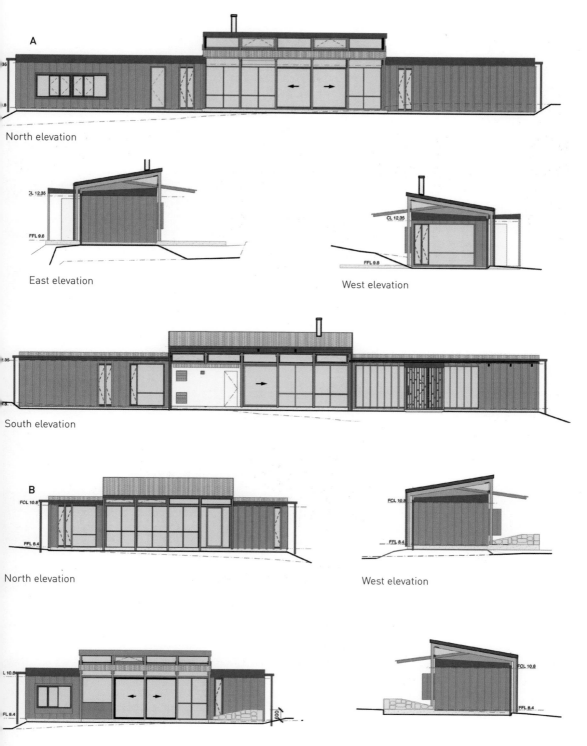

A

North elevation

East elevation

West elevation

South elevation

B

North elevation

West elevation

South elevationn

East elevation

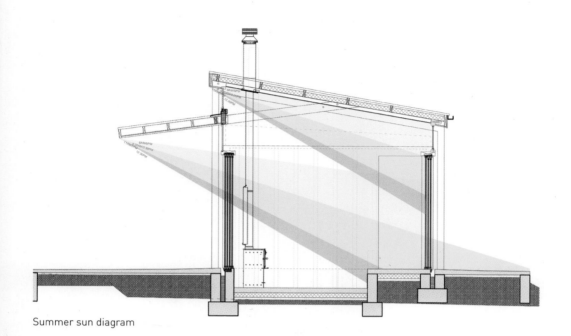

Summer sun diagram

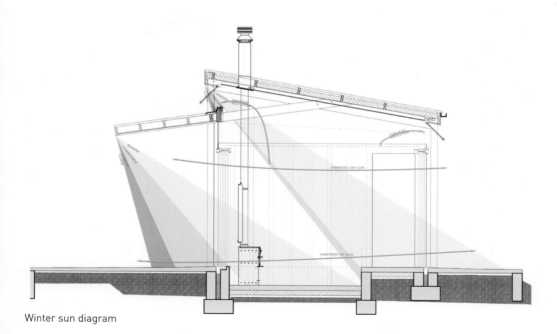

Winter sun diagram

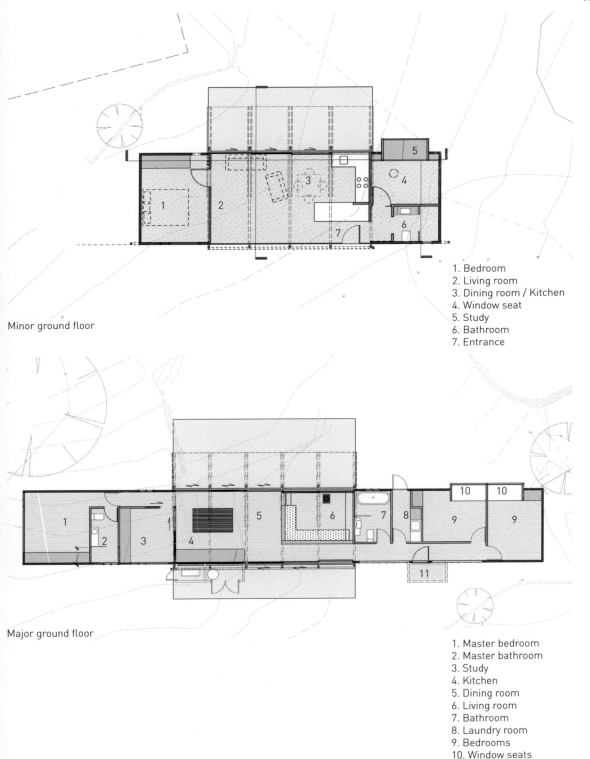

Minor ground floor

1. Bedroom
2. Living room
3. Dining room / Kitchen
4. Window seat
5. Study
6. Bathroom
7. Entrance

Major ground floor

1. Master bedroom
2. Master bathroom
3. Study
4. Kitchen
5. Dining room
6. Living room
7. Bathroom
8. Laundry room
9. Bedrooms
10. Window seats
11. Entrance

NANNUP HOLIDAY HOUSE

Iredale Pedersen Hook

Location Nannup, Australia
Surface area 5,683 square feet
Photographs © Peter Bennetts

Landscape integration
Native plants preserved

Integración al paisaje
Preservación de plantas autóctonas

Gray water recycling
Rainwater collection and use
Minimized water waste

Reciclaje de aguas grises
Recogida y uso de aguas pluviales
Mínimo desperdicio del agua

Photovoltaic solar energy

Energía solar fotovoltaica

Material sourced from the site
Wooden construction
Recycled and ecological materials
Prefabricated materials

Material procedente del lugar
Construcción en madera
Materiales reciclados y ecológicos
Materiales prefabricados

This vacation home forms part of the trail that wanders through the landscape between Perth and Nannup. The path establishes an intense dialogue with the landscape of thick forest, meandering river, and nearby hills. This spatial framework acts as a wrapper in which every experience is carefully choreographed to give maximum enrichment to the space in which the house is set. Despite being a holiday home and therefore conceived as a short-stay residence, this iredale pedersen hook project offers a wide variety of experiences and relationships with the native landscape. From the careful control of the vertical oscillation, represented by the woods, and the horizontal oscillation, represented by the horizon, the house opens up and connects with the ground but also has a floating sensation that emerges from its projection on the ground. At this point, the windows play a vital role in the relationship between inside and out: the framed openings cut the horizontal views of the surrounding trees, to the forest, while the larger panels favor a wider panorama of the landscape, of the horizon.

Between the edge of the forest and a floodplain, in an area of fragility that exists between fire and flood, this building hangs over the landscape, barely disturbing it.

Esta casa de vacaciones forma parte del camino que transita errante por el paisaje entre Perth y Nannup. El camino logra establecer un intenso diálogo con el paisaje de un espeso bosque, los meandros de un río y las cercanas colinas. Con este marco espacial como envoltorio, cada experiencia está coreografiada cuidadosamente para enriquecer al máximo el espacio donde se asienta la vivienda.

El proyecto de iredale pedersen hook, pese a ser una casa de vacaciones y estar concebido como un lugar de estancia temporal, es capaz de ofrecer una amplia variedad de experiencias y relaciones con el paisaje nativo. A partir del cuidado control de la oscilación vertical, representada por el bosque, y de la oscilación horizontal, representada por el horizonte, la vivienda se abre y entra en contacto con la tierra, pero también con un cariz flotante que surge de su proyección sobre el terreno. En este punto, las ventanas juegan un papel protagonista en la relación entre interior y exterior: las aberturas enmarcadas cortan las vistas horizontales a los árboles de los alrededores, al bosque, mientras que los paneles más grandes favorecen un mayor panorama del paisaje, del horizonte.

Entre el borde del bosque y una planicie aluvial, en una zona de frágil existencia entre el fuego y la inundación, la construcción se cierne sobre el paisaje y lo perturba mínimamente.

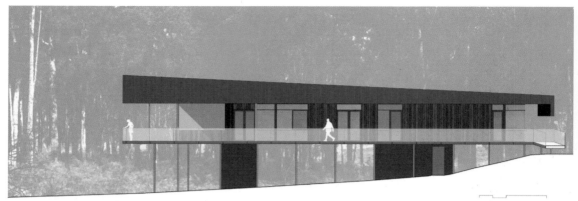

South elevation

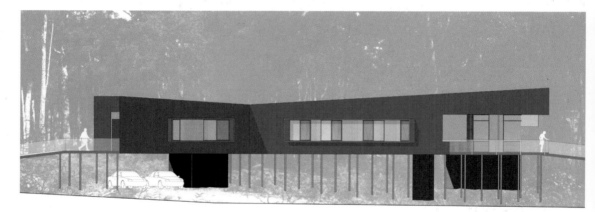

West elevation

The driveway is located along the edge of the property. It must be cleared of leaves and pine needles and the like once a year in order to serve as a fire division wall, but otherwise requires little maintenance.

La ruta de acceso de los vehículos está situada a lo largo del borde de terreno, en un área que requiere una limpieza anual como cortafuegos y que permite minimizar el desbroce de tierras.

Site plan

88

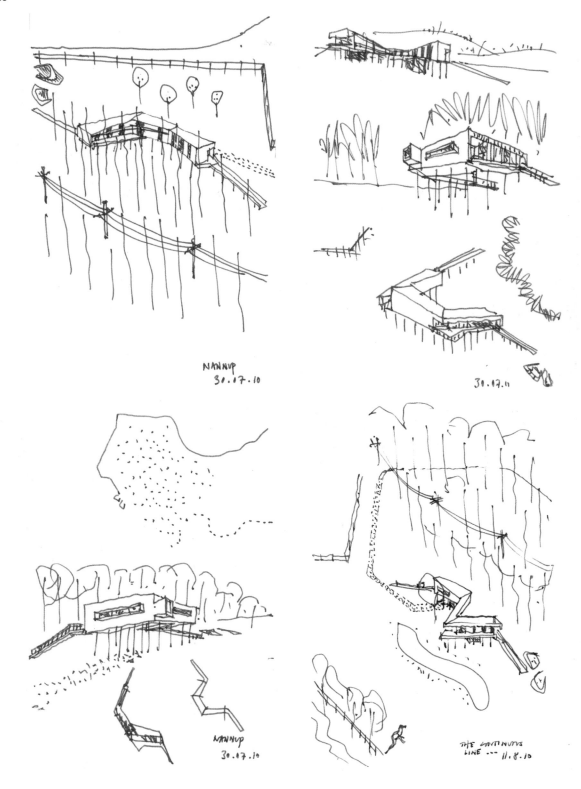

NANNUP
30.07.10

30.07.11

NANNUP
30.07.10

THE CONTINUOUS
LINE --- 11.8.10

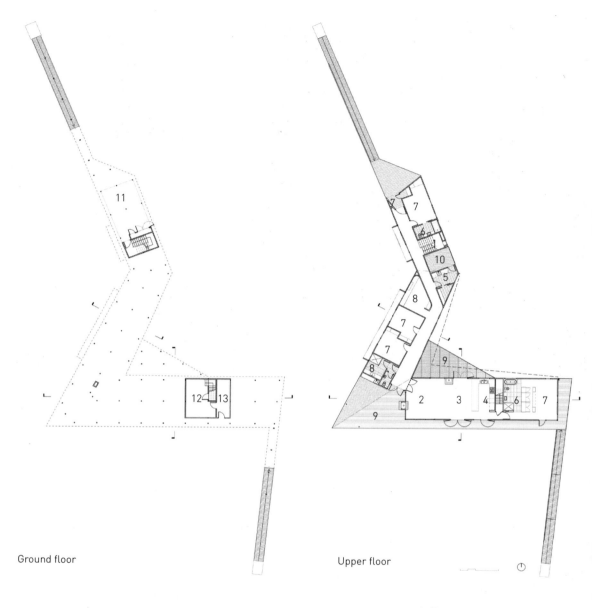

Ground floor

Upper floor

The driveway is located along the edge of the property. It must be cleared of leaves and pine needles and the like once a year in order to serve as a fire division wall, but otherwise requires little maintenance.

La ruta de acceso de los vehículos está situada a lo largo del borde de terreno, en un área que requiere una limpieza anual como cortafuegos y que permite minimizar el desbroce de tierras.

1. Entrance
2. Living room
3. Dining room
4. Kitchen
5. Laundry room
6. Bathrooms
7. Bedroom
8. Study / Office
9. Outdoor living space
10. Drying deck
11. Carport
12. Cellar / Free shelter
13. Wood storage

SANTA CRUZ STRAW BALE HOUSE

Arkin Tilt Architecs

Location Santa Cruz, California, USA

Surface area 2,500 square feet

Photographs © www.edwardcaldwellphoto.com

Low impact on the site

Bajo impacto en el paisaje

Passive solar
Photovoltaic solar energy
CO2 low consumption

Energía solar pasiva
Energía solar fotovoltaica
Bajo consumo de CO2

Local materials
Recycled materials

Materiales locales
Materiales reciclados

Natural daylight
Natural ventilation
High insulated: straw-bale walls

Luz natural
Ventilación natural
Alto aislamiento: paredes de balas de paja

The owners of this home are avid surfers and teachers of biology and environmental studies who wanted to push the limits of ecology in the design of their home. At the same time, they wanted a convenient and comfortable home for their family of six, plus a second unit suitable for their elderly parents or to rent out. The result is a beautiful 2,500-square-foot house over two floors that includes four bedrooms and an office, plus a small separate unit with a bedroom and its own entrance. The house combines cutting-edge mechanical technology with natural construction techniques, passive solar strategies, and locally sourced materials, and is designed and built at net-zero-energy cost with a minimal carbon footprint. It is a compact house with separate spaces that serve various functions, characterized by the movements and changes that occur in light and shadows through the passing of the seasons. Open and intimate, flexible and efficient, built to a tight budget, and cheerful in its silhouette and detail, this design by Arkin Tilt Architects delivers a narrative of the specificity of the place in which it is set, reflecting the consciousness and atmosphere of the urban Santa Cruz environment.

Los propietarios, ávidos surfistas y profesores de biología y estudios ambientales, querían empujar más allá los límites de la ecología en el diseño de su hogar. Al mismo tiempo, deseaban poseer una vivienda cómoda y confortable para su familia de seis personas, además de una segunda unidad para sus ancianos padres o para ser alquilada. El resultado, una hermosa casa de dos pisos y doscientos treinta y dos metros cuadrados que incluye cuatro dormitorios y una oficina, así como una pequeña vivienda accesoria de un dormitorio con entrada propia.
Combinando tecnologías mecánicas de vanguardia con técnicas de construcción naturales, estrategias solares pasivas y materiales de origen local, está diseñada y construida con un gasto de energía neta cero y su huella de carbono es mínima. Una casa compacta, con espacios diferenciados que desempeñan varias funciones, donde los movimientos y cambios que acontecen con el paso de las estaciones, tanto en la luz como en las sombras, juegan a través de ellos.
Abierta e íntima, flexible y eficiente, con un presupuesto ajustado y alegre en su silueta y sus detalles, el diseño de Arkin Tilt Architects habla de la especificidad del lugar en que se asienta, lo que refleja la conciencia y la atmósfera del entorno urbano de Santa Cruz.

Inconveniences resulting from construction are
minimized by using refurbished doors, windows,
floating wood floors, and a wood column next to the
entryway. These elements combine to add charm and
character to the space.

Puertas, ventanas interiores y suelos de madera
flotante recuperados y reciclados, así como una
columna de madera a la deriva en la entrada, reducen
el impacto de la construcción, y proporcionan
carácter y sentido de lugar.

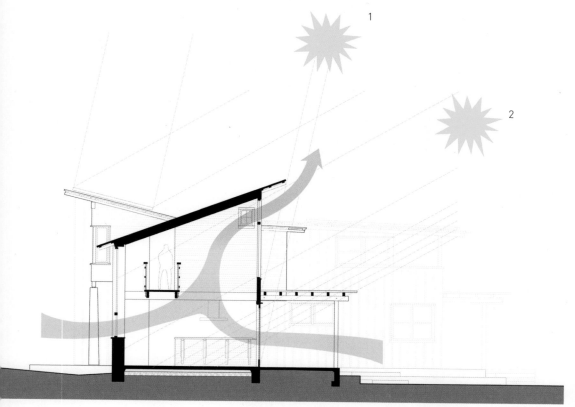

Diagram of passive solar and natural ventilation

1. Summer sun
2. Winter sun

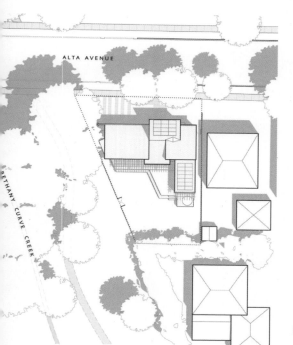

ALTA AVENUE

BETHANY CURVE CREEK

Site plan

The tall ceiling is accented with a natural strawberry tree branch, which the owners found on a friend's property nearby.

La altura del comedor se acentúa con la ramificación natural de un madroño encontrado por los propietarios en la cercana propiedad de un amigo.

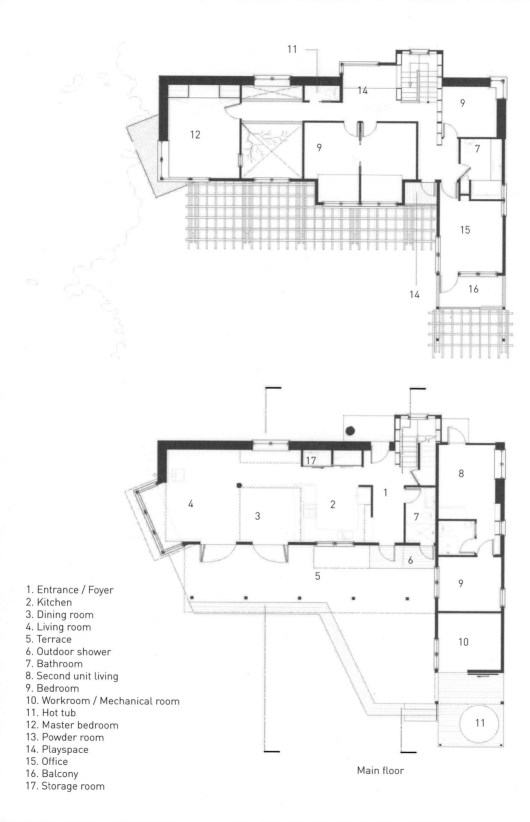

1. Entrance / Foyer
2. Kitchen
3. Dining room
4. Living room
5. Terrace
6. Outdoor shower
7. Bathroom
8. Second unit living
9. Bedroom
10. Workroom / Mechanical room
11. Hot tub
12. Master bedroom
13. Powder room
14. Playspace
15. Office
16. Balcony
17. Storage room

Main floor

THROUGH HOUSE

Dubbeldam Architecture + Design

Location Toronto, Canada
Surface area 1,450 square feet
Photographs © Bob Gundu

Passive solar
Green roof

Energía solar pasiva
Cubierta verde

Natural daylight
Natural ventilation

Luz natural
Ventilación natural

This family residence was built 128 ago on a small plot in downtown Toronto. Its renovation is part of a broader strategy to revitalize the urban fabric of the area without the need to start again, creating comfortable environments for modern living with minimal impact on the area.

Dubbeldam Architecture + Design is responsible for meeting the owner's brief to create a bright and modern home that is connected with its outside surroundings while increasing the amount of interior living space. To achieve this, it rethinks the original space: elements from the surrounding area are incorporated, the ceiling heights are altered to define spaces instead of using walls, and by creating a powerful visual connection with the small backyard, the designers manage to expand the living space.

The house also achieves the owner's desire for an energy-efficient home. Light penetrates the center of the house via a large skylight, reducing the need for artificial lighting. The open staircase and mobile skylights provide natural ventilation. Finally, an extensive green roof reduces the environmental impact by cooling the roof and absorbing rainwater.

The result is an airy and spacious house with an intimate courtyard that creates a serene retreat within the hustle and bustle of city life.

Construida hace ciento veintiocho años en un pequeño solar del centro de Toronto, la renovación de esta residencia unifamiliar forma parte de una estrategia global para revitalizar el tejido urbano de la zona, sin necesidad de arrasarlo y con la creación de ambientes habitables para la vida moderna con un bajo impacto en el lugar.

Dubbeldam Architecture+Design se encargan de satisfacer el deseo del propietario de tener un hogar moderno y luminoso, conectado con el exterior y donde el espacio habitable interior aumente. Para conseguir este objetivo, se lleva a cabo un replanteamiento del diseño original: se incorporan elementos del lugar, se realizan cambios en la altura de los techos para definir espacios en lugar de paredes y, mediante la creación de una poderosa conexión visual con el pequeño patio trasero, se logra ampliar el espacio de vida.

Se cumple también con la petición de su propietario de que la vivienda sea energéticamente eficiente. En el centro de la casa, la luz penetra por una gran claraboya y permite reducir la necesidad de iluminación artificial. La escalera abierta y el tragaluz móvil facilitan la ventilación natural. Finalmente, el extenso techo verde reduce el impacto ecológico al enfriar el techo y absorber el agua de lluvia.

El resultado es una casa bien iluminada, espaciosa y con un patio íntimo que crea un refugio sereno dentro de la ajetreada vida urbana.

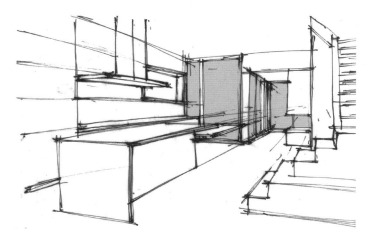

Interior sketch

The open staircase and movable skylight provide natural light and also create natural ventilation in the home with a powerful chimney effect, making air-conditioning unnecessary.

La escalera abierta y el tragaluz móvil, además de proporcionar luz natural, crean una ventilación natural en la vivienda con un potente efecto de chimenea que permite al propietario vivir sin aire acondicionado.

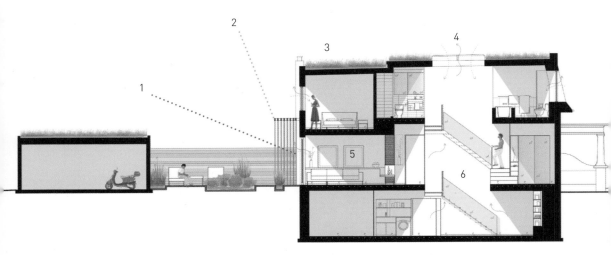

Longitudinal section

1. Winter sun
2. Summer sun
3. Green roof
4. Natural ventilation
5. Thermal mass flooring
6. Daylighting

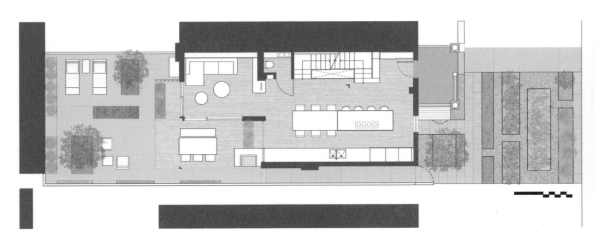

Ground floor

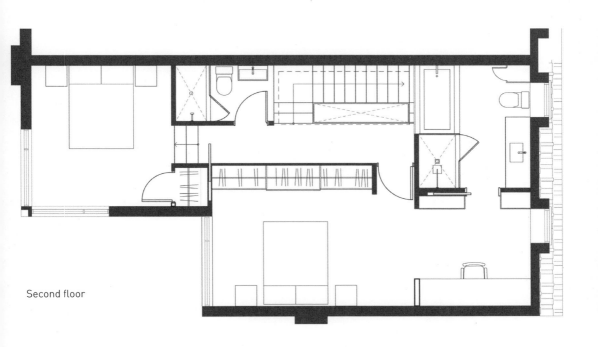

Second floor

A21 HOUSE

A21studio

Location Ho Chi Minh, Vietnam
Surface area 430 square feet
Photographs © Hiroyuki Oki

 Rainwater collection and use   Recogida y uso de aguas pluviales

 Natural daylight   Luz natural
Natural ventilation   Ventilación natural

 Trees and plants integration   Integración de árboles y plantas

"Every morning, the first thing I would like to do is to begin a drawing with my mind free and content. I used to dream of a home office so as not to have to travel to work through the frequent traffic jams of a city as highly polluted as Ho Chi Minh."
With his limited budget, this unusually small and non-square plot located just ten minutes from downtown was the best option open to the owner for realizing his dream. The 430-square-foot plot, situated at the end of the street and surrounded by the high walls of neighboring homes, offered great challenges in designing a home office that was spacious enough for four employees and a couple with a child.
The true source of inspiration in the final design of this house is the capturing of nature, in which the sunlight, the wind, the rainwater, and the trees define the various human activities. Thus, the house is full of nature: a tree becomes the heart of the home, around which life is organized in a comfortable space where people can carry out their activities.
"Every morning, I sit next to the tree with a cup of coffee that mirrors the leaves that shine in the dawn sunlight, in harmony with the soft and gentle melody, thinking of the next drawings for my current projects."

"Cada mañana, lo primero que me gustaría hacer son las primera líneas de un dibujo con la mente tranquila y alegre. Solía soñar con una casa-oficina y así no tener que viajar y enfrentarme a los frecuentes embotellamientos de tráfico de un lugar altamente contaminado como es Ho Chi Minh". Con un presupuesto limitado, una parcela inusualmente pequeña y no cuadrada, y a solo diez minutos del centro de la ciudad, fue la mejor opción para hacer el sueño del propietario realidad. La parcela, de cuarenta metros cuadrados, situada en el extremo de la calle y rodeada de altos muros de otras viviendas vecinas, ofrecía grandes desafíos para el diseño de una espaciosa casa-oficina para cuatro empleados y una pareja con un niño.
La naturaleza capturada, donde la luz del sol, el viento, el agua de lluvia y los árboles definen las actividades humanas, fue la verdadera fuente de inspiración en el diseño final de esta casa. De esta forma, la vivienda se llena de naturaleza: un árbol pasa a ser el núcleo de la vivienda, en torno al cual se organiza la vida y donde se encuentra un lugar cómodo en el que las personas realizan sus actividades.
"Cada mañana, junto al árbol, con una taza de café que refleja las hojas que brillan a la luz del sol en la madrugada, en armonía con la melodía suave y gentil, pienso en los próximos dibujos para los proyectos en curso".

Axonometric view with plants

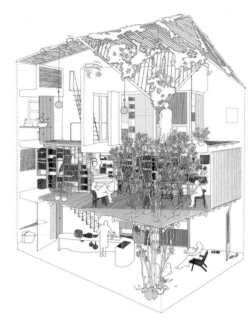

Axonometric view with furniture

Axonometric view with wooden surfaces

Axonometric view

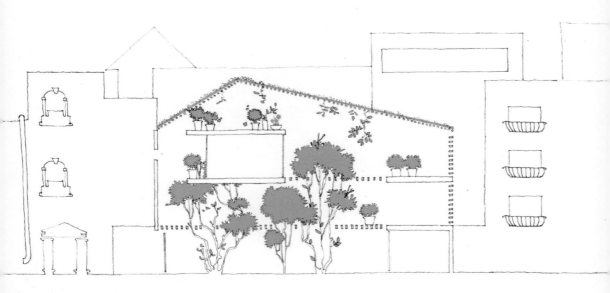

Longitudinal section

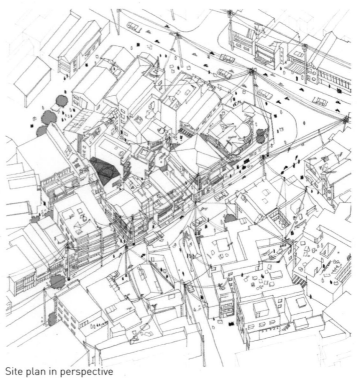

Site plan in perspective

Including plants inside the home is a tribute to the auspicious times of yesteryear when nature surrounded humans, who in turn felt closer to changes in their environment.

La inclusión de vegetación en el interior de la vivienda busca rememorar los viejos buenos tiempos, cuando la naturaleza rodeaba al ser humano y el hombre sentía cercanos los cambios de su entorno.

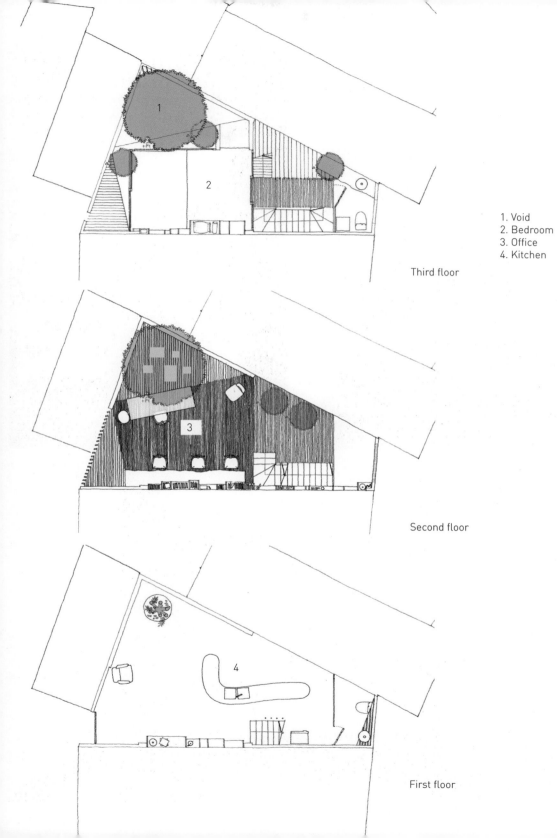

Third floor

1. Void
2. Bedroom
3. Office
4. Kitchen

Second floor

First floor

BRICK HOUSE

Leth & Gori

Location Nyborg, Denmark
Surface area 1,463 square feet
Photographs © Stamers Kontor

 CO2 low consumption

Bajo consumo de CO2

 One material construction:
solid brick

Construcción con un solo material:
ladrillo sólido

 High insulation
Natural daylight

Alto aislamiento
Luz natural

This cottage is part of the Mini-CO2 Houses project initiated by the Realdania charity foundation, which sets out to develop affordable and sustainable housing with a small CO2 footprint. To achieve this, the aim is to create houses that require no maintenance for fifty years and have a life span of at least one hundred and fifty years. The house walls are built entirely of clay, to enable the house to breathe. The use of bricks creates a simple, solid, and homogeneous exterior wall that echoes traditional houses that have stood the test of time. By using a single building material, the number of joints between different materials is reduced, and the possibility of construction defects is minimized. Leth & Gori's work rediscovers the knowledge and techniques used in traditional Danish brick houses. They focus on creating a contemporary home with a long life span, drawing on the best of historic building practices and meshing these with new knowledge and architectural techniques. The result is a home that exudes quality in its architecture and craftsmanship, with solid brick walls that render it strong and healthy, with low maintenance requirements and a pleasant indoor climate.

Esta vivienda forma parte del Mini-CO2 Houses iniciado por la fundación filantrópica Realdania. Su objetivo es desarrollar viviendas asequibles y sostenibles con una baja huella de CO2. Para conseguir esto, el objetivo es crear una casa que no necesite mantenimiento durante cincuenta años y que tenga una vida útil de al menos ciento cincuenta años.
Se recurre a un único material para la construcción de la pared de la casa, la arcilla, con lo que se consigue que la vivienda cobre vida y respire. Con el uso de ladrillos se consigue una pared exterior simple, sólida y homogénea, que imita a las casas tradicionales que tanta duración han demostrado: la utilización de un único material permite reducir el número de uniones entre materiales diferentes y, por consiguiente, los posibles errores de construcción.
El trabajo de Leth & Gori redescubre conocimientos y técnicas utilizados en las casas tradicionales de ladrillo en Dinamarca. Es la realización de un hogar contemporáneo, con una larga vida útil, a partir de la adopción de lo mejor de los edificios históricos y, al mismo tiempo, integrando nuevos conocimientos y técnicas arquitectónicas. El resultado, una casa que irradia las cualidades de la arquitectura y la artesanía, donde las paredes de ladrillo macizo crean una casa sólida y saludable, con buen clima interior y bajo mantenimiento.

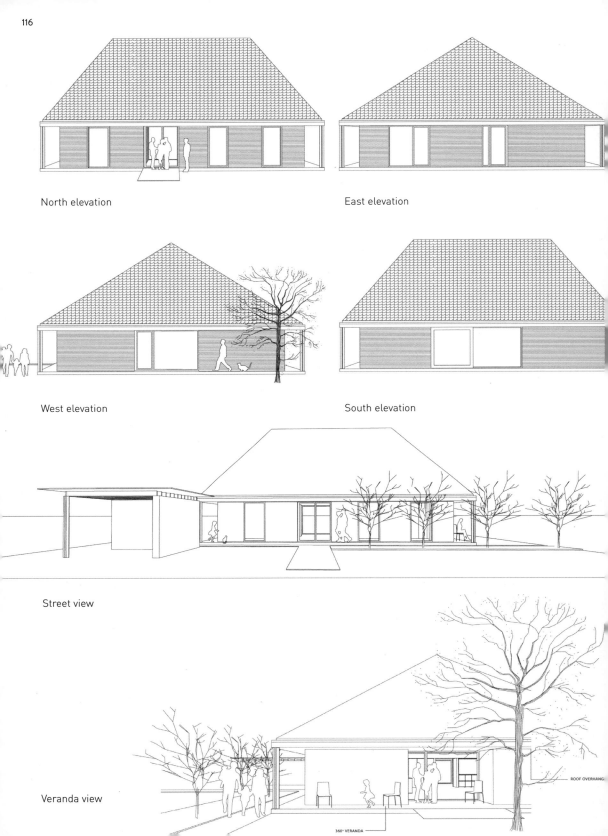

North elevation

East elevation

West elevation

South elevation

Street view

Veranda view

ROOF OVERHANG

360° VERANDA

The brick walls provide a solid and healthy home with a long useful life, pleasant interior climate, and low maintenance.

Las paredes de ladrillo macizo proporcionan una casa sólida y saludable, con una larga vida útil, buen clima interior y bajo nivel de mantenimiento.

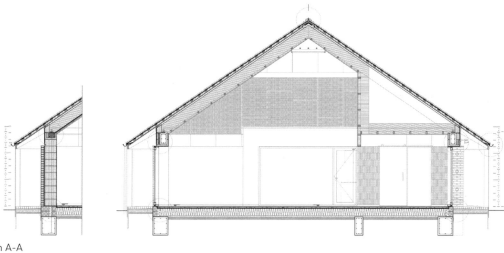

Section A-A

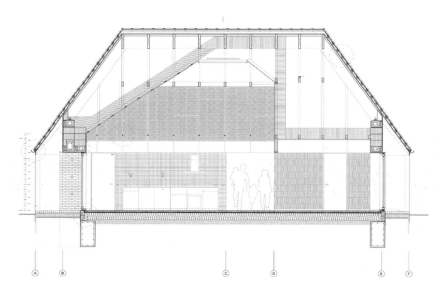

Section B-B

1. Recessed light ceiling
2. Plywood cladding with acoustically perforated boards
3. Visiblecollartieroofconstruction
4. Exposed steel cord

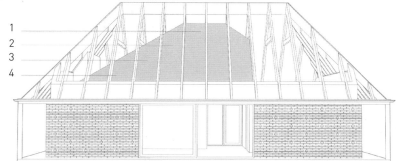

1
2
3
4

Detailed roof section

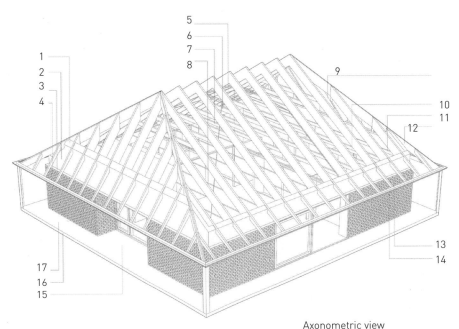

Axonometric view

1. Homogeneous brick wall
2. Facade render colored
3. Corten steel 100 x 150 x 8 mm
4. Interlacing masonry
Homogeneous brick wall 108 mm bricks,
standard format 30 mm cavity filled with
mortar 425 mm clay blocks Gypsum plaster
(finished wall surface)
5. Light ceiling
6. Interior plywood cladding
Acoustically perforated boards
7. Collar beam
Exposed
8. Steel cord
Exposed
9. Hip Roof / 35o – 55o
Interlocking roof tiles
Underlayment: board sheating, tongue and
groove
10. Paper wool insulation
11. Standard trusses
12. Hip rafter
13. Roof overhang
14. Eaves
Copper downpipes
Copper eaves flashing
15. Facade niche
16. Corten steel border 15 mm corten steel
17. Veranda Clinker surface

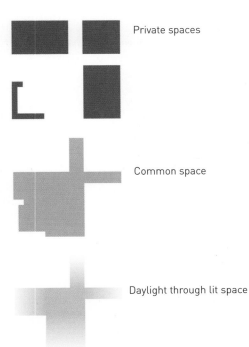

Private spaces

Common space

Daylight through lit space

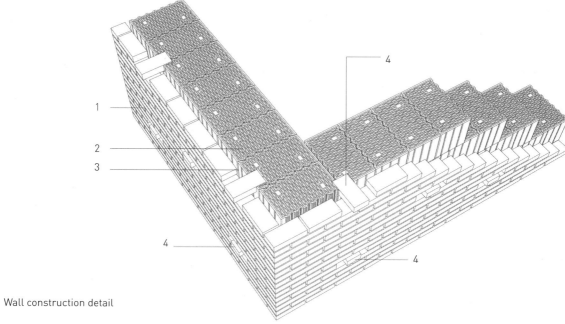

Wall construction detail

1. Interlacing masonry brick (108 x 228 x 55 mm)
2. Clay blocks 248 x 425 x 249 mm
3. Cavity 30 mm cavity filled with mortar
4. Interlocking brick

Floor plan

1. Bedrooms
2. Utility room
3. Entrance
4. Storeroom
5. Kitchen
6. Dining room
7. Living room
8. Bathroom

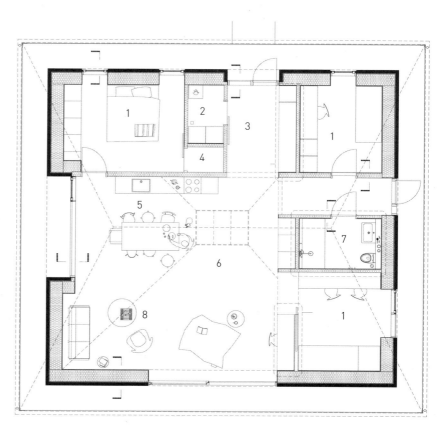

THE NEST

A21studio

Location Binh Duong, Vietnam
Surface area 430 square feet
Photographs © Hiroyuki Oki

Visual integration

Integración visual

Recycled materials
Low cost construction

Materiales reciclados
Construcción de bajo coste

Natural daylight
Natural ventilation

Luz natural
Ventilación natural

Trees and plants integration

Integración de árboles y plantas

This home is located on the outskirts of Binh Duong, a newly developing urban area that is surrounded by houses in a variety of architectural styles. In this environment, a21studio and their client were keen that the new house should be "seen to be green" without compromising its comfort.

Due to the budgetary constraints of the project, the main frame of the house is formed from a light structure of sheet iron and steel in place of the usual bricks and mortar. Using this structure, as well as allowing the mortar to be lighter, it helps to cut construction times to less than the norm, enabling cost savings as a result.

With its columns and steel beams that connect to metal sheets, the framework of the house is covered or filled with plants, from a distance creating the impression of being a green box. Between the cold metal bars, nature defines itself.

Besides its low cost, the metal structure provides great spatial flexibility, which has captured the attention of Vietnamese society. By using abandoned items and having enough space to be able to live intelligently, it is possible to have a comfortable house that is committed to nature and flexible enough for any future requirements.

Está ubicada en las afueras de Binh Duong, un lugar donde se desarrolla un urbanismo nuevo y rodeada de viviendas con variedad de estilos arquitectónicos. En este entorno, a21studio y el cliente estaban interesados en que la nueva vivienda debía "verse verde", sin comprometer para ello su confortabilidad.

La restricción presupuestaria del proyecto hace que, como armazón principal de la vivienda, se instale una ligera estructura de láminas de acero y metal en lugar de los habituales ladrillos y del hormigón. Sin duda, recurrir a esta estructura, además de permitir que los cimientos sean más ligeros, ayuda a acortar el período de construcción por debajo de lo habitual y, por consiguiente, un ahorro de costes.

El armazón de la casa, con columnas y vigas de acero que conectan con hojas de metal, se cubre o rellena con plantas, por lo que desde una mirada distante la vivienda aparece como una gran caja verde. Entre las frías barras metálicas, la naturaleza se define a sí misma.

Además de su bajo coste, la flexibilidad de espacios que permite la estructura metálica ha llamado la atención en la sociedad de Vietnam. La utilización de elementos abandonados y la posibilidad de disponer de suficientes espacios para vivir inteligentemente, permiten tener una casa confortable, comprometida con la naturaleza y flexible ante cualquier necesidad futura.

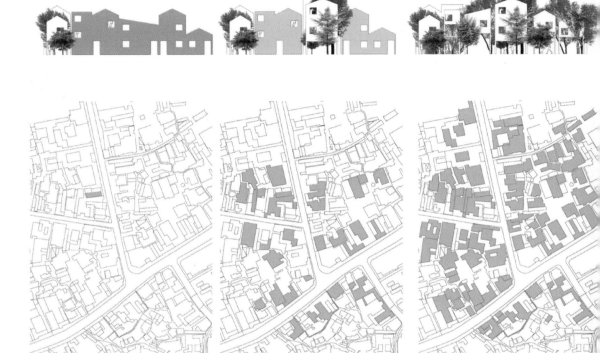

Concept of project development

Concept of elevation

Concept of elevation

The kitchen and living room are open to nature, blurring the boundary between the home's interior and exterior.
Abandoned furniture that is still in good condition is a clever solution for most rooms in the house and reduces the overall cost.

La cocina y la sala de estar se encuentran en la planta baja abiertas a la naturaleza sin puertas ni ventanas, lo cual permite que el límite entre el interior y el exterior de la vivienda se difumine.
Los muebles sin uso, abandonados, pero aún en buenas condiciones, son una solución muy apropiada para la mayoría de estancias de la casa y permiten reducir el coste global de la vivienda.

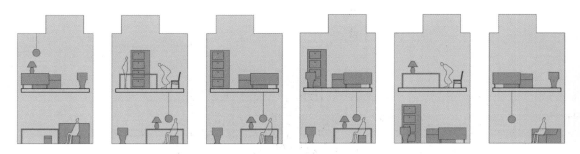

Diagrams

Floor plan

Longitudinal section

STAND 47 AT MONAGHAN FARM

Thomashoff + partner Architects

Location Monaghan Farm, South Africa
Surface area 4,025 square feet
Photographs © Karl Rogers

 Landscape integration
Wind protection

Integración al paisaje
Protección del viento

 Rainwater collection and use

Recogida y uso de aguas pluviales

 Photovoltaic solar energy
High insulation

Energía solar fotovoltaica
Alto aislamiento

 Prefabricated materials
Sustainable wood

Materiales prefabricados
Madera sostenible

 Natural daylight

Luz natural

The aim of this collaborative project was to build an energy-efficient home in Monaghan Farm, which will act as a case study to demonstrate that housing in South Africa can be built successfully using predominantly energy-efficient materials while retaining the qualities of permanence and longevity that are associated with traditional houses.

The challenge of the project is to explore the process of designing and building housing that adheres to the concept of energy efficiency every step of the way. Thus, a simple layout is sought, while aiming to ensure the efficient use of resources both during the construction process and during the entire life cycle of the building. Furthermore, to maintain quality within the home, the project takes into account key factors such as comfort and familiarity as well as social status and aspiration, which are essential in this sector of the residential market.

The evolution of the project was documented in detail from the concept design phase until its full completion. All this information is available for carrying out a detailed case study of the project and evaluating its thermal performance.

Este proyecto de colaboración persigue la construcción de una casa energéticamente eficiente en la Granja Monaghan. Además, actuará como un estudio de caso para demostrar que la vivienda en Sudáfrica puede realizarse con éxito utilizando predominantemente materiales con eficiencia energética, al tiempo que puede conserva las cualidades de permanencia y longevidad asociadas a las casas tradicionales.

El reto del proyecto es explorar el proceso de diseño y construcción de una vivienda que se adhiere al concepto de eficiencia energética en cada paso del proyecto. De esta forma, se busca la sencillez en la planificación del alojamiento, al tiempo que se pretende garantizar un uso eficiente de los recursos utilizados, tanto durante el periodo de construcción como durante todo el ciclo de vida del edificio. Además, para mantener la calidad de la vivienda, el proyecto no olvida tener en consideración factores esenciales como son la comodidad y la familiaridad, además de la condición social y la aspiración, esenciales en este sector del mercado residencial.

La evolución del proyecto ha sido documentada detalladamente desde la fase de diseño del concepto, hasta su total finalización. Todas esta información está disponible para poder llevar a cabo un estudio pormenorizado del proyecto y para la evaluación de su desempeño térmico.

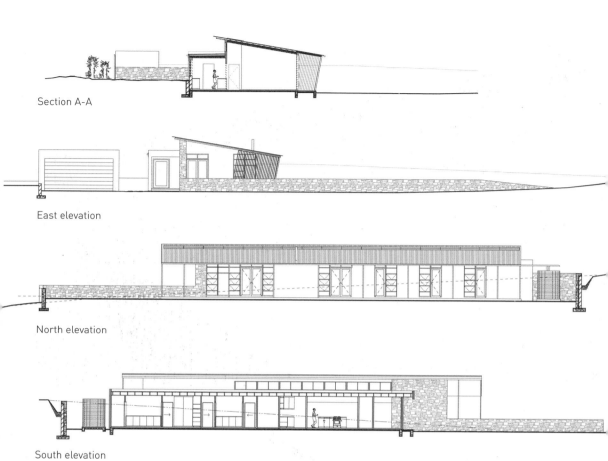

Section A-A

East elevation

North elevation

South elevation

The sloped roof can collect up to 5,300
gallons of rainwater. The height and
orientation selected were also adapted to
the solar panel installation requirements.

La mono cubierta inclinada de la vivienda
permite la recolección de 20.000 litros
de agua de lluvia. La altura y orientación
elegida se adaptan también a las exigencias
de instalación de los paneles solares.

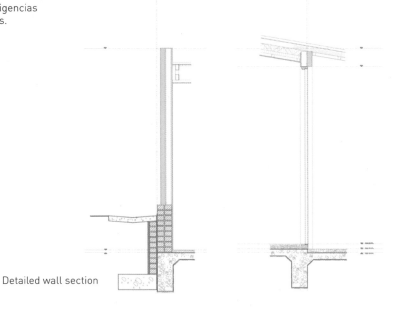

Detailed wall section

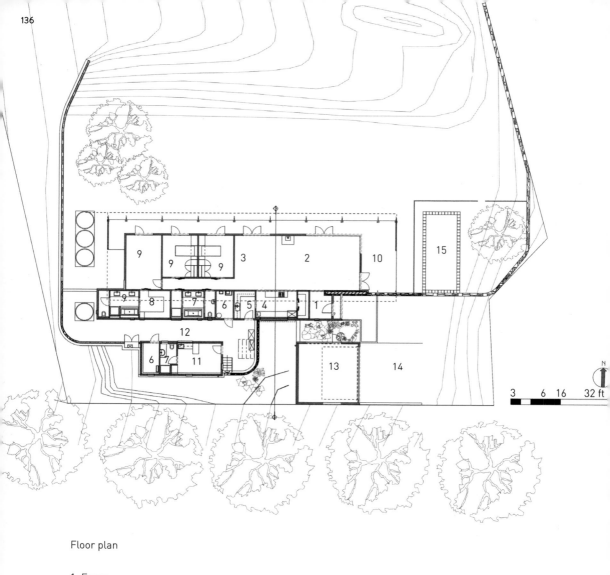

Floor plan

1. Foyer
2. Living room
3. Dining room
4. Kitchen
5. Scullery
6. Storeroom
7. Bathroom
8. Dressing room
9. Bedrooms
10. Veranda
11. Staff room
12. Yard
13. Garage
14. Driveway
15. Pool

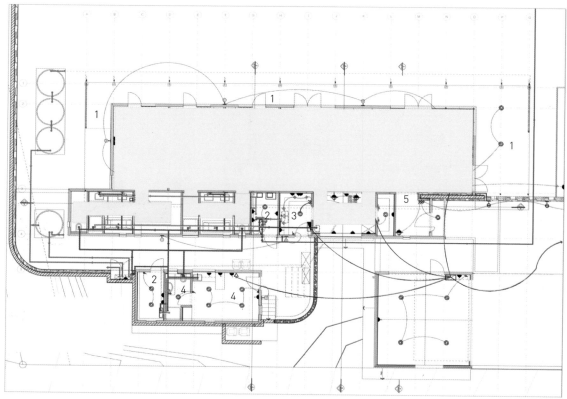

Electrical / water supply plan

1. Veranda
2. Storage area
3. Scullery
4. Bathroom
5. Foyer
6. Staff room

Cold water supply (municipal)
Hot water supply (municipal)
Collected rainwater
Rainwater / Municipal water (from changeover or diversion valve)

In order to facilitate the installation and allow for future changes, all electrical services are aligned and divided into areas throughout the center of the home's living room.

Con el fin de facilitar su instalación y permitir cambios en el futuro, todos los servicios eléctricos están alineados y divididos en zonas a lo largo del centro de la zona de estar de la vivienda.